最佳零售银行缔造方法丛书

理财机构经营管理

郑孝和　编著

企业管理出版社

图书在版编目（CIP）数据

理财机构经营管理 / 郑孝和编著. —北京：企业管理出版社，2010.4
ISBN 978 – 7 – 80255 – 488 – 7

Ⅰ.①理… Ⅱ.①郑… Ⅲ.①金融机构—经济管理—中国
Ⅳ.①F832.1

中国版本图书馆 CIP 数据核字（2010）第 066573 号

书　　名：	理财机构经营管理
作　　者：	郑孝和
责任编辑：	韩天放
书　　号：	ISBN 978 – 7 – 80255 – 488 – 7
出版发行：	企业管理出版社
地　　址：	北京市海淀区紫竹院南路 17 号　邮编：100048
网　　址：	http：//www.emph.cn
电　　话：	出版部 68414643　发行部 68467871　编辑部 68701292
电子信箱：	80147@sina.com　zbs@emph.cn
印　　刷：	北京智力达印刷有限公司
经　　销：	新华书店
规　　格：	170 毫米×240 毫米　16 开本　13.25 印张　200 千字
版　　次：	2010 年 5 月 第 1 版　2010 年 5 月 第 1 次印刷
定　　价：	68.00 元

版权所有　翻印必究·印装有误　负责调换

前 言

本书针对中国理财机构的生存现状和发展需要,在借鉴世界众多知名理财机构成功经验的基础上,全面探讨了理财机构的经营管理之道。

本书中的"理财机构"共有三个层面的含义:其一,这里的理财机构当然包括由商业银行、证券公司、信托公司、保险公司、基金公司等组建的理财业务条线,这类理财机构在中国市场上大众认可度最高。其二,本书涵盖了新近在我国出现的发展潜力十分看好的所谓第三方理财机构,如各类理财策划公司、理财咨询公司、理财师事务所等机构,包括一些独立从业的理财规划师、理财顾问、投资咨询师、投资顾问以及理财咨询师等个体。这类理财机构在中国的发展尚处在起步阶段,但在欧美等发达市场中则十分成熟,影响力相当大,因此,它们在中国的发展前景不容小觑。其三,以各种投资理财协会、投资理财网站、投资理财俱乐部以及投资理财课堂等形式存在的理财机构。这三类理财机构尽管各有特色,但它们的经营管理具有很大程度的共性,本书在充分认识到三类理财机构的特异性的基础上,围绕这些共性特征展开了具体的探讨。

毋庸置疑,客户是理财机构的衣食父母。理财机构存在的目的和原因都是为了给客户创造价值，并在这一过程中实现理财机构与客户之间的双赢。然而，对理财机构来讲，客户数目并非"多多益善"。很多理财机构在发展之初都曾陷入盲目扩张客户的误区之中，本书的讲解将能帮助这些理财机构走出恶性循环的怪圈，重返正轨。理财机构在经营管理上还普遍存在一种误解，即将理财机构的经营管理简单地等同于"员工管理"，忽视了或根本就没有意识到对理财机构的发展来讲更为重要的"关系管理"，尤其是公共关系的管理。更有甚者，很多理财机构的负责人只热衷于理财策划工作，不擅长机构的管理工作或对各种管理事务视而不见。显然，经营管理上的这些缺陷对理财机构的成长来讲是致命的。所幸的是，本书将这些问题进行充分揭示，并给出了对症下药的良方。

在理财机构的经营管理中，一个更深层面的考虑是理财机构的定位问题或企业哲学问题。理财机构怎样看待自己，客户就会怎样看待理财机构。过去，理财机构曾一度遭遇过信任危机，以致媒体将理财策划看作是无需大脑的买卖。1988年4月号的《福布斯》杂志在封面上给出了一只穿着三件套商业制服的猴子，漫画的题目是"任何人都可以管自己叫理财策划师"。经过这次公开的愚弄，国际理财业界对"理财策划师"这一称呼十分忌讳，转而采用理财顾问、投资咨询师、投资顾问以及理财咨询师等可以得到更多信任的称呼。时过境迁，现在理财策划的价值已得到公众的普遍认可，那些将客户利益放在第一位的理财策划师在社会地位上获得了最大程度的尊重，其个人财富也水涨船高。关于理财机构的定位以及企业哲学问题，本书给出了透彻的讲解。对中国的理财机构而言，这一点尤其重要，即如何克服一些短视的做法，转而关注中长期目标，打造双赢且可持续的客户关系。本书在这方面给出了具体的建议，国内理财机构可参照行之。

本书在内容上共分为五大部分。第一部分介绍理财机构的理念设计和组织结构安排，包括如何提出使命、描述愿景、设定运营模式，以及如何应对意外事件和安排继承接替的相关事宜。第二部分围绕"人"这一中心展开，从对合伙关系和选择优秀员工的讨论入手，探讨了成功管理和留住重要员工的办法。第三部分的主题是客户，该部分就如何赢得、终止和拒绝客户关系给出了切实可行的建议，并就如何留住最有价值的客户提出了一整套策略。第四部分讨论理财机构的"成长"，包括如何应对激烈的市场竞争、如何打造良好的公共关系以及从佣金制转向收费制等问题。第五部分主要关注理财机构的工作环境，包括制度、工作场所的设计，以及旨在改善效率的各种软硬件解决方案。纵观全书，出发点都是为了帮助理财机构完善经营管理，从长远处着眼，而不是拘泥于眼前的短期利益。无数历史经验表明，放眼未来的理财机构才能赢得精彩的明天。

本书既是作者多年实战经验的总结，也汇集了理财领域中最富创造性的成功人士的真知灼见。本书旨在帮助读者改善理财机构的经营管理实务，它既是一篇学术论文，也是企业管理学教材的补充材料，更是一个可以放在口袋里的咨询公司，一个可以随时查阅的专家建议库。在国内理财市场蓬勃发展的今天，本书的面世对中国理财机构的专业化、制度化乃至国际化，无疑会起到极大的助推作用。

目 录

第一部分　企业的管理

第1章　核心价值、使命和愿景 ……………………………… (3)
　　向客户展现理财机构的价值 ………………………………… (4)
　　理财机构的构建 ……………………………………………… (6)
　　理财机构的生存之道 ………………………………………… (7)
　　理财机构的核心价值 ………………………………………… (9)
　　理财机构的使命陈述 ………………………………………… (11)
　　理财机构的愿景陈述 ………………………………………… (15)
　　理财机构的理念陈述 ………………………………………… (16)

第2章　企业设计 ……………………………………………… (19)
　　酬金结构 ……………………………………………………… (21)
　　商业计划书 …………………………………………………… (25)

企业结构 …………………………………… (27)

第3章 应急与继任 …………………………… (32)

应急方案 …………………………………… (32)
继任方案 …………………………………… (37)
彻底转让 …………………………………… (38)

第二部分 人员的管理

第4章 合伙人 ………………………………… (43)

为什么要选择合伙制 ……………………… (44)
将性格放在第一位 ………………………… (45)
成功合作的其他关键因素 ………………… (51)
合作的注意事项 …………………………… (53)

第5章 员 工 ………………………………… (57)

聘用、指导和实习 ………………………… (57)
金钱之外 …………………………………… (60)
员工管理中的细节 ………………………… (68)
辞退员工 …………………………………… (73)

第6章 团 队 ………………………………… (75)

团队建设 …………………………………… (75)
交叉培训 …………………………………… (78)
公开管理 …………………………………… (79)
员工手册 …………………………………… (80)
公司研讨会 ………………………………… (81)
组织结构与战略 …………………………… (89)

第三部分　客户的管理

第7章　赢取、剔除和拒绝客户 …………………… (93)
　　如何开口 ………………………………………… (96)
　　客户主动离去 …………………………………… (97)
　　拒绝客户 ………………………………………… (99)
　　勇于说"不" …………………………………… (100)

第8章　留住优质客户 ……………………………… (101)
　　行为金融学 ……………………………………… (102)
　　设身处地为客户考虑 …………………………… (104)
　　不同级别的服务 ………………………………… (111)
　　通过沟通管理客户预期 ………………………… (117)
　　训练你的客户 …………………………………… (123)
　　迎接最大挑战 …………………………………… (124)

第四部分　成长的管理

第9章　打破成规 …………………………………… (127)
　　错误的教条 ……………………………………… (128)
　　惟一需要遵循的教条 …………………………… (135)

第10章　企业定位与公共关系 …………………… (136)
　　对事业充满信心 ………………………………… (137)
　　提升整体业务而非核心业务 …………………… (138)
　　认清竞争对手 …………………………………… (140)
　　巧妙地定位和促销 ……………………………… (141)
　　巧用公共关系 …………………………………… (141)

公关计划 …………………………………………… (142)
　　磨炼公关技巧 ……………………………………… (143)

第11章　企业转变 ……………………………………… (145)
　　在监管机构注册 …………………………………… (146)
　　收费与最低资产额 ………………………………… (147)
　　投资选择 …………………………………………… (148)
　　投资策划 …………………………………………… (148)
　　选择托管伙伴 ……………………………………… (148)
　　合理进行客户转换 ………………………………… (149)
　　双重关系的处理 …………………………………… (151)
　　对你自己的投资 …………………………………… (151)
　　会计业务向理财业务的转化 ……………………… (151)

第五部分　环境的管理

第12章　硬件带来效率 ………………………………… (157)
　　低技术基础设施 …………………………………… (157)
　　硬件与服务 ………………………………………… (161)
　　必备的硬件设施 …………………………………… (163)
　　可选的硬件设施 …………………………………… (164)
　　互联网 ……………………………………………… (166)
　　硬件的更新换代 …………………………………… (168)

第13章　软件带来盈利 ………………………………… (169)
　　电子数据存储 ……………………………………… (170)
　　杀毒软件 …………………………………………… (172)
　　备份软件 …………………………………………… (173)

理财策划软件 …………………………………………（173）
　　投资组合管理软件 ………………………………………（175）
　　进度表、联系软件和关系管理软件 ………………………（175）
　　需要考虑的事项 …………………………………………（178）
　　有关技术的最后寄语 ……………………………………（179）

第14章　制度带来规范 …………………………………（181）
　　公司制度 …………………………………………………（181）
　　客户制度 …………………………………………………（189）
　　补充说明 …………………………………………………（199）

第一部分　企业的管理

　　成功的理财机构经营管理者总会不断地对自己的理财机构进行评估和改进。这一部分将探讨如何通过对核心价值、使命和愿景的重新评估来构筑和强化理财机构的基础。

第 1 章

核心价值、使命和愿景

随着社会分工的细化和生活节奏的加快，人们越来越倾向于花钱购买各式各样的服务，包括私人厨师、健身教练、遛狗员和钟点工，甚至还出现了一种被称为"草坪清洁"的服务，打出的口号是："专门收拾狗宝宝留下的麻烦。"

这些五花八门的服务到底哪些有价值，价值又有多大，至今仍找不到一种切实可行的办法来度量。但最重要的是，你一定要相信自己所做的事是有价值的，因为你对工作的感受将会直接传递给潜在客户。如果连你都不相信自己的建议或服务能满足客户需求，客户也不会产生认同感。

有一位理财策划师讲了这样一个故事：他有一位早期客户是某航空公司的机长。当时，由于新工作合同的谈判迟迟没有进展，该航空公司的飞行员随时可能举行罢工。有一次在他们交谈的时候，理财师说，飞行员在飞机航行中责任重大，基于这一点考虑，如果他是老板，会毫不犹豫地给飞行员加薪。令人惊讶的是，他的那位客户竟然不赞同他的观点。那位客户说："我们现在就已经拿得够多了，实际上我们的工作与公车司机无异。"

这名客户言谈中流露出的对自身的认知，改变了那位理财师对其职业的看法。那位客户接着解释道，在从事商业飞行之初，他与一名副驾驶员和一名工程师一起驾驶一架波音727飞机，每次航行时，他们三个人都在驾驶舱里一刻不停地忙碌。他最近被提升为一架波音737飞机的机长，新换的驾驶室变得更加自动化了，只需两个人就能驾驶。因为操作变得简单了，所以他常常感觉自己不过是个体面的公车司机而已。

想一想技术变革是怎样影响了你对自身以及对客户价值的看法。在理财服务刚刚兴起的20年前，还没有理财策划软件，也没有业绩数据库，更别说各种投资优化工具了。为了获得有关共同基金、基金管理以及基金业绩的信息，我们不得不绞尽脑汁、费尽心机。我们几乎完全依赖于营销材料和招股说明书中的信息。那时理财师为了准备一份评估报告，必须逐字翻阅客户的多份共同基金投资报告，并将相关信息抄入一张表以制作出统一的报告。理财师不能处理太多的客户，因为数据收集和报告准备工作永远都忙不完。与那些日子相比，现在的工作轻松了许多。毫无疑问，个人计算机和嘉信理财（Schwab）、晨星（Morningstar）这样的公司为理财业的顾问提供了很大的帮助。但是，单靠它们，我们也做不成生意。

我曾经问过一家著名理财策划公司的理财策划师，她是怎样看待自己对客户的价值的。她回答说："我知道我为他们的生活增添了很多东西，但是我一直在寻思：我有没有遗漏什么？我凭什么能从这份既轻松又有趣的工作中挣到这么多钱？"如今，准备策划方案的工作不再那么费力了，这样的轻松很容易让我们忘记自己曾经为了掌握专业技能而付出的辛苦工作（现在仍在继续辛苦工作）。对客户来说，我们的价值并非源于那些看似轻而易举的方案，而是因为在我们的知识和技能的帮助下，客户成功地达到了自己的目标。著名钢琴家弗拉基米尔·霍洛维茨弹起钢琴来看似不费吹灰之力，但观众实际倾听并为之掏钱的是他在台下长期苦练而成的高超琴技。

向客户展现理财机构的价值

不止一名顾问在谈起自身的价值时会这样说："我的客户晚上能睡个安稳觉。"与其告诉客户资产组合设计得多么均衡（这通常非常无聊枯燥），还不如直截了当地告诉他们，只要听从我们的建议，他们就能高枕无忧。

　　理财策划师不能让客户认为业绩是策划师带给他们的价值。实际上，资产配置和多元化的投资组合就意味着客户的回报必然会低于走势大好的市场业绩。多元化意味着投资组合中应包括相关性较弱的资产种类。客户必须放弃大发横财的可能性，才能换来高枕无忧。从另一个角度来看，这也恰好表现出多元化的好处：当单个市场萧条时，客户的收益仍能得到保障，不至于一落千丈。我们要向客户声明，我们对他们的价值正在于能帮助他们避免在市场上受煎熬。我们要告诉潜在客户："我们不一定让您富有，但是我们绝不会让您贫穷。我们的工作就是让您享受生活、高枕无忧。"我们让客户不必在牛市时追涨，在熊市时杀跌，从而展现出公司的价值。我们与客户的所有沟通和互动都是围绕着管理客户预期开展的。这点很重要，所以会在第 8 章专门探讨它。

　　对理财顾问的价值，美国业界有一套很有趣的看法："在一段长期的客户关系中，顾问至少会给出一条极有价值的建议。这样的建议通常是出于偶然，即使顾问能同时理解投资市场和客户的个人境况。通常，这个建议在提出的时候还显现不出自身的价值，而要等到几个月甚至几年以后，它的价值才会为客户所发现。"

　　在 1997~1998 年间，股市出现了前所未有的动荡。道琼斯指数今天下跌 500 点，明天又上涨 300 点。这样的情况第一次发生时，有的理财机构就给客户打了电话，还给他们发送了一封让他们宽心的书信。在这样的事情反复发生了好几次以后，很多客户就建议理财机构还是节省邮资的好。一名客户告诉他的理财师："我们知道你现在正竭尽全力把工作做到最好，但是，你不如发信给那些对情况还不太了解的客户。我现在已经习惯了股市的动荡，再也不会为此感到反胃了。"

　　不是每个潜在客户都会发现理财规划服务的价值，有许多人就不愿意为一些能在别的地方"免费"获得的服务付账。他们会问："我为什么要把钱给你？我自己可以从互联网上获得所有的信息，再找贴现经纪人做买卖。"当遇到这样的人，不管你说什么，都像是对牛弹琴，就别再和他们纠缠了。一些理财顾问津津乐道于这些客户的"转变率"。然而，让客户的态度发生转变不应该成为理财策划工作的一部分。如果你对自己和业务的介绍极富成效，一部分潜在客户会了解你的理念并欣赏你的价值，但仍然有一部分潜在客户不会明白。"转变"预示着"抵触情绪"。经验表明，那些被成功"转变"的客户从来不会发展为令人满意的关系。

理财机构的构建

理财机构对自身工作了解得越清楚，在面对潜在客户时就越能做出更好的诠释。正是在这一信念的驱使下，我们要坐下来，详细地勾勒出理想的客户，然后描述自己能为这个客户做些什么。这一思考过程会为发展我们的核心信念、使命、愿景陈述和最终的企业理念奠定基础。

下面我将按重要性层次讲解构建成功的理财机构必须具备的四个要素。

1. 生存之道

在理财策划这一行里，服务和产品五花八门，种类繁多。要想获得成功，你必须从一开始就致力于为客户提供独特的服务。什么让你与众不同？什么又让你声名远播？我将这一要素称为"生存之道"。找到你自己的"道"，并将之用文字描述出来，这是构建理财机构的首要步骤。

2. 核心价值

这是指支撑公司理念和政策的基本信念。企业的核心价值犹如大厦之地基，虽然大部分深埋于泥土之中而不为人所见，但它却为理财机构提供了必不可少的支撑。

3. 使命陈述

确定了生存之道和核心价值后，下面就应描述你理想中的理财机构是什么样的。使命陈述就好比建筑物的图纸，它为理财机构的设计提供了基础。

4. 愿景陈述

如果使命陈述是建筑物的设计图纸，那么愿景陈述就好比完工大厦的建筑透视图。愿景陈述描述了理财机构按计划建成后的样子。

理财机构的生存之道

下面要讲到的是一个真实的故事，也是一家拥有三个合伙人的理财机构如何定位自己的"生存之道"的故事。

在理财机构成立之初，三位合伙人对客户群的看法，毫不夸张地讲，就像盲人摸象一样各执一词。三位合伙人都无法肯定相互之间是否有相同的基本理念，他们彼此之间对此也从来没有正式分享过。所以在与客户沟通的时候，他们从来没有一个统一的说辞。三位合伙人认为，只要他们为同一家理财机构工作，都参照同一本员工手册，都做类似的工作，他们自然就能成为统一的整体。可最终结果是这三个人各自为政，这样的理财机构根本就不能称为企业。三位合伙人对于未来有着共同的憧憬，但不知道怎样将这一愿景汇集到一起。

事情的转机得益于一部电影。一天晚上，三位合伙人在结束了冗长的"重组会议"后，一起去观看了影片《都市浪子》。影片中，比利·克里斯特尔扮演的角色和一位老牛仔探讨生活的意义。老牛仔说："生活的秘诀在于坚守生存之道。"比利问："那什么是'道'呢？"老牛仔回答："年轻人，这就是你需要追寻的答案。"这句话让三个人恍然大悟。他们三个从来就没有找到应当坚守的"道"，因此无法将生存之道告诉他们的顾问和员工，更不要说客户和潜在客户了。

要开办（或重振）一家理财机构，首先要找出你的"道"，然后把它告诉给身边的每一个人。今天的理财策划业由形形色色的特色服务构成。就连全面策划师也是一种特色，就好比内科诊疗中的家庭诊所。现在我和我的同事称自己是"财富管理者"。对我而言，这也是理财策划业中的特色服务，反映了我们全方位式的投资顾问服务。下一章将会对此进行详细的讲解。

乔先生就是这样的一位全面策划师。在很多人眼里，乔无疑是一位成功人士，他成功地创办了一家理财机构，在他的带领下，公司的业务蒸蒸日上，在业界树立了不错的口碑，乔曾经说过，他的生存之道在于提供全面的策划服务，但又不是传统意义上的全面策划。他帮助医生客户谈判租约、按揭贷款合同甚至是商业医疗合同。乔说："一切都可以归结到'信任'二字上。那些信任你的客户会希望你在生活的其他方面也为他们提供帮助，而不仅仅是理财。"乔在高度公司化的美国长大，从小受到的教育是要与同事和客户保持距离，维持职业化的形象。"对我而言这样的教条是错误的。信任和责任感不管在什么情况下都很重要。因此，你应该与客户打成一片。"为了发展客户关系，乔采用了家庭办公室的服务模式。他的模式将业务咨询和个人指导包括在内，远比传统理财机构提供的服务宽泛。乔的生存之道在于为客户的业务与人生规划提供方方面面的指导。

与乔不同，另一位成功的全面策划师戴夫，他的生存之道在于逐步建立起客户的信心。"我们知道我们正为客户增添价值，而且我们善于沟通。客户对我们为他们提供支持并实现他们生活目标的能力满怀信心。"戴夫说。

在对来自世界各地的业界人士的访谈中，大部分人在描述他们的生存之道时，都谈到了树立信心和信任、维持个人关系，或是为客户提供超一流的个人服务等事项。一些人表示他们的生存之道在于行动，特别是提供与众不同的服务。没有人认为提供标新立异的报告或冗长复杂的分析是成功的关键所在。

理财策划师查理的"生存之道"让人耳目一新。在评估客户群时，查理有一个令人惊讶的发现。过去几年，人口统计状况的变化和浮躁的经济环境造就了一大批成功却不快乐的人。"我已经在着手处理这样的情况。我们要求所有客户都与家庭心理治疗师交谈两个小时，讨论金钱、退休准备及遗产等事项。"查理发现，专业治疗师的参与有助于推动策划进程和他与客户的关系。"在退休规划会谈和遗产规划会谈之间，我们会选择恰当时机告诉客户：'在进入下一阶段的讨论前，我们想先征求您的意见。我们希望让一位家庭心理治疗师也加入这次会谈，因为她在这方面拥有更多的技能。'从来没有人会拒绝这样的安排。"

尽管查理认为有必要将客户身心健康方面的问题纳入讨论范围，但他也告诫道："超越专业范围对于理财策划业的人员来说是件相当危险的事情。理财策划师以提供财务咨询服务为本，除非接受过法律顾问或心理医生方面的训练，否则就不该越俎代庖。只有取得了法律专业学位的人才有资格成为执业律师。我们应该以这样的态度来对待专业咨询服务。"

不妨把生存之道直接写在公司名称下面，比如"本公司致力于帮助客户追求完美的生活方式"。这行字描述了我们相信能为客户生活带来的独特功能。我们作出策划，协助客户实现他们所选择的生活方式。这行字也描述了理财机构与员工之间的关系。我们并不是用挣了多少钱来衡量成功，而是以员工的生活质量来衡量。

理财机构的核心价值

明确了生存之道后，就应该以此为起点，发展出构建理财机构的基础。我把这些基础称之为"核心价值"。这些核心价值简明扼要地陈述了你个人和业务不变的原则。我们将公司的生存之道展开为如下几点：

- 团队合作：为了共同的目标而奋斗。
- 执行的质量：一次成功，确保质量。

- 职业道德：诚实守信，专业可靠。
- 严格检查：追求卓越，永无止境。
- 愉悦：提供资源和物质环境，让这里的所有人处于最佳状态。

下文给出了两家公司的核心价值，为避免对号入座，这里略去了公司的全称。

RTD 财务顾问公司

- 心怀帮助他人的热忱。
- 将客户的需求放在第一位。
- 绝对诚实正直。
- 在给出建议前，要确保自己能够胜任。
- 帮助员工成长。
- 公正、尊重而且礼貌地对待每一个人。
- 努力提高专业水准。
- 赢取利润。

BSKC 公司

- 将客户放在第一位。
- 正直、诚实。
- 关心、尊重所有人。
- 追求卓越，做到最好。
- 爱岗敬业。
- 有责任感。

对理财机构而言，核心价值必不可少，理财机构在制订任何重大决策的时候都应参照核心价值。在将投资方案交给客户时，理财顾问都要扪心自问："我是不是已经做到了最好？"

理财机构的使命陈述

在将生存之道融入核心价值中后，还需要设计一份使命陈述。使命陈述能确保理财机构中的每一个人都为共同目标而努力。使命陈述的篇幅要足以描述你的立场，但又不至于太过冗长。与核心价值一样，使命也需统领每一项业务决策。正如一位资深理财顾问所说的："我们这些替他人管理钱财的人必须明确自己是谁，确保我们不会偏离本职工作，并实现我们对客户的承诺。"

用军事术语来说，使命就是完成某项任务，通常是夺取某个目标。理财机构的使命陈述则是宽泛的行动计划，帮助你夺取目标市场。

以下是一家非常成功的美国理财机构的首席执行官对使命陈述的心得。

> 我曾独立完成了自己的第一份使命陈述："为那些过去将理财决策都交给自己丈夫的女性，以及正面临人生转折需要得到指引的女性提供理财教育、指导和培训。"就像理财策划师帮助客户实现目标一样，这份使命陈述帮助我阐明了理财机构的目标，并让我认识到了未来的方向。在开办理财机构之初，我非常喜欢为女性客户工作。她们当中有的人是寡妇，有的人已经离婚，还有些人是企业主。在考虑了这一细分市场的共性之后，我将她们描述成"面临人生转折的女性"。我理想中的客户是 50 岁以上的女性，她需要教育、手把手的帮助和感情上的支持。这是一位从来没有在家庭财务决策中扮演过重要角色的女人，但是因为突然离婚或者守寡，她们又不得不承担起这些责任。我有社会工作、教育和财务方面的背景，因此我感觉自己尤为适合提供这类建议。
>
> 当我们一起建立起现在这家新公司时，我们将生存之道定为："我们是一群在理财策划领域有着一技之长的顾问，专为追求稳健的客户服务。"我们将之称为"财富管理"。随后我们又一起准备了一份新的使命陈述："我们是理财策划师，希望在从事所喜欢的职业并帮助客户达到目标的同时，赚取一份体面的收入。"当然，我们当时或许不够老练，但这毕竟只是一个开始。你有必要让理财机构中的每一个

人理解你为什么从事这个行业（生存之道），基本信念是什么（核心价值），以及正在努力完成的事情（使命陈述）。将这些陈述作为现实中的检验标准，特别是在你发现自己有机会介入那些与主营业务关联不大的领域时。

一家理财机构将生存之道和使命陈述浓缩为一句简短的陈述来定义公司的目标："提高客户的生活质量。"理财顾问会将遇到的每一个挑战与这段陈述进行对照。一位理财顾问谈到，他有一个客户曾经历过数字化革命的动荡时代，因此整天都在担心千年虫可能带来的混乱。"他幻想市场状况不断恶化、衰退，甚至夜不能寐。他希望我们将所有的投资都转换成现金。我在反复考虑了这件事情后，又回到了'提高客户的生活质量'这一核心目标上。如果将他所有的投资都变成现金，会提高他的生活质量吗？毫无疑问，他将不会再失眠了。这样做会改善他的投资组合吗？当然不，但他已经实现了主要目标。改善他的投资组合与我们的使命并不相符，我们最终还是为他将所有投资兑现了。"

还是回到我的故事上来。在公司重组阶段，我们决定不要将公司发展成拥有很多顾问的大型理财机构。在那段时间里，媒体又发起了一场教育消费者认同单纯收费制的运动。业界的不少前辈建议我："如果你看到一股潮流迎面而来，那就随波逐流吧，否则你会被它颠覆。"如果媒体继续推动这股单纯收费制的浪潮，我们就会理所当然地跟随它。我们决定实行单纯收费制下的全方位投资策划。这意味着两方面的变革。首先，我们需要出售经纪业务。其次，我们要吸引拥有更多资产的客户才能提供固定收费制下的理财策划服务。为了达到这些目标，我们意识到需要"精兵简政"。并不是每个经纪人都和我们一样支持单纯收费制的观念，我们需要耐心劝说他们。同样地，我们还要与理财机构中的所有顾问进行面谈，以确定哪些人愿意和我们一起转向单纯收费制。

我们不反对其他的报酬体系。但是，单纯收费制执行起来简单方便，最适合我们的理财机构。我不是在建议读者也采纳这种报酬形式。实际上，你需要对自己的生存之道有清晰的认识，并让报酬结构尽量与生存之道保持一致。

在第一次公司研讨会上，我们修正了最初的使命陈述。这是一次卓有成效的团队建设，所有的员工都参与其中，献计献策。每年我们都会重新回顾使命陈述，以保证它能准确地表达我们的意图。我们将使命陈述作为战略规划的指南。每年在设定目标的时候，我们会将目标与使命陈述进行对照。曾经有很长一段时间，我们的使命陈述如下：

本公司致力于成为一家实行单纯收费制的卓越的财富管理服务供应商，为那些

> 总资产200万~5 000万元之间的个人、公共计划、非营利组织、基金会和信托基金提供服务。
>
> 这是我们希望公司在成长起来后的模样,以及对我们将努力为员工、客户和自己实现的目标的全面宣言。
>
> 时至今日,我们的使命陈述如下:
>
> 本公司致力于成为一家具有国际影响的理财咨询和顾问公司,并通过提供教育、专家意见、保险、私人服务和信托,为那些持有或控制大量可投资资产的保守而精打细算的委托人服务。

不管使命陈述是你在家里一个人写就,还是在公司会议上精心雕琢而成,它都必须回答如下几个问题:

- 你希望自己变成什么样?
- 你期待自己做些什么?
- 你在为谁而做?
- 你将满足什么样的需求?

> **诺顿合伙人公司**
>
> 为客户提供优秀的理财策划和税务服务,在所处的领域中被广泛认可,享受所从事行业的乐趣,为客户创造价值,让他们兴高采烈地付给我们酬金并把我们推荐给他们的朋友。
>
> **布兰克希普与福斯特理财机构**
>
> 为客户提供最好的理财策划和投资管理建议及服务。
>
> 诚实、坦率而充满创造性地与客户、顾问及员工一起工作。
>
> 帮助每一个员工实现最高成就和职业上的满足感。
>
> 树立行业标准,反映出行业的重要性并帮助未来的策划师和投资顾问赢得最高的尊重。
>
> **SBSB 公司**
>
> SBSB 公司的使命是责无旁贷地通过一贯的诚实、可信且个性化的服务,帮助客户作出明智的财务决策。

以上三份使命陈述出自于一些世界上最优秀的策划师之手。它们都是在说理财机构，但又各具特点，反映出各个理财机构的本质。

我们可能更喜欢诺顿合伙人公司使用的"兴高采烈地付给我们酬金"这样的字眼。这家公司经常告诉潜在客户："我们确实不便宜，但是我们真的很棒，作出选择吧。"这是一个风趣而又恰当的陈述。拉斯·阿伦·普林斯曾对高净值投资者进行过大量分析，并在其著作《培养富人》一书中准确地叙述道："在选择投资经理的时候，服务成本不是最重要的因素，这种认识毫无疑问很有价值。它说明理财服务的提供者应该通过标榜自身的优秀而不是便宜来进行营销，以赢得富人们的青睐。"

以 SBSB 公司为例，该公司的使命陈述说明，他们对客户责无旁贷。SBSB 的合伙人会不断调整他们对怎样才能做到"责无旁贷"的看法，并经常会参读这段陈述，在业务上作出相应的调整。SBSB 在提供理财策划和资产管理服务的同时，还提供税务筹划方面的服务。SBSB 的第一份使命陈述在制订完毕后，一直没有发生太大的变动。合伙人现在又分别为其业务中的每个服务领域单独书写了一份使命陈述。

SBSB 公司的一位理财策划师说："它（使命陈述）一开始看起来有些陈词滥调，但是一旦你发现自己可以用不同的方式去诠释它时，你就能让它逐渐丰富起来。我们希望员工能认识到使命陈述的重要性，所以在一年一度的研讨会上，我们会让新员工们用他们母校校歌的曲调来哼唱使命陈述。"

布兰克希普与福斯特理财机构将使命陈述写进了宣传手册。该公司的一位合伙人说："我们希望让潜在客户在第一时间知道，他们能从我们身上得到些什么。"该公司的使命陈述描述了他们对客户、顾问以及整个行业所应当承担的使命。

优秀的使命陈述是可以通用的。它们并不一定非得反映出企业的独特之处。读者对下面这些使命陈述一定不陌生：

- 追求人员、质量和利润的均衡，成为一家不断成长的一流公司。
- 对员工、客户以及环境保持关注、敏感和负责的态度。
- 向团队授权，并努力超越客户对我们的期望，让客户对我们爱不

- 保持高度的卓越、创新、诚实和道德。
- 吸引、发展并留住优秀的团队。
- 提高长期的股东价值。

让使命陈述成为企业必不可少的一部分，这点非常重要。使命陈述应当成为度量进步的里程碑，同时也应当作为制订决策时检视现实的工具。

声名显赫的影视大亨塞缪尔·戈尔德温也将一句陈述悬挂在自己办公桌后的墙上。每当有人进门推销新的电影创意，或是推荐新的电影演员，或是要求更改剧本内容的时候，他都会认真聆听，然后再回头看看那行字："它能带来票房收入吗？"戈尔德温清楚他所从事的工作不是制作电影，而是如何将电影票销售出去，他制订的每一个决策都应当将这一信念反映出来。

理财机构的愿景陈述

如果所有这些关于"你是谁"以及"你应该做什么"的陈述还不够的话，建议你再考虑另外一个陈述，那就是愿景陈述。在一次研讨会上，一位顾问曾提出这样一个问题："我想我们已经知道了公司成长起来后的样子，但我们实际的方向何在？"这个问题很有代表性。事实上，愿景是对使命陈述非常有价值的补充，能够说明使命的结果如何。愿景陈述应当详细准确，并以目标为导向。"在2002年前，本公司将与注册理财策划师从业者在至少4个重要国家建立战略联盟关系，从而在全球范围内产生影响。我们将以低于3%的流失率控制超过10亿元的资产。"这听起来或许有些野心勃勃，但它正是某家理财机构独一无二的愿景。

让员工成为使命制订和愿景描述过程中的一分子，这点至关重要。那些参与起草蓝图的人与那些没有参与其中的人感受大不一样。研讨会是起草或修改这些陈述的绝好机会。本书将在第6章对此进行探讨。

理财机构的理念陈述

成功的理财机构必须运用刚才讨论的那4个观念,即生存之道、核心价值、使命陈述和愿景陈述,同时还有一个可供选择的陈述也会非常有用。我们将之称为理念陈述。理念陈述将简要地概括出理财策划中基本的咨询和服务方式。前面4项陈述通常主要用于内部交流,理念陈述可以作为理财机构通讯刊物中的一项特殊内容,与潜在客户和客户一起分享。下面灰框中的内容是两份经过编辑的理念陈述副本,供读者参考。

EBK 公司的理念陈述

EBK 公司的所有员工都在不同程度上参与了理念开发的过程。公司全体成员都将坚决贯彻执行这一陈述。

我们会坚守理财策划流程

- **目标设定**。我们认为,客户应该设定自己的目标。我们有责任在这一过程中教育客户,帮助他们确定并量化自己的目标,并排列出目标的主次。

- **靠经济法则策划**。我们认为经验法则下的策划(比如,退休收入应当等于退休前收入的80%)对于客户的经济独立性而言,是一种既不恰当也不够专业的策划方法。

- **现金流**。我们认为客户看重的是总回报,而不单是股利或利息。传统的"收入"组合概念已经陈腐不堪,并为投资组合的设计设置了既不必要也不适当的限制。

- **资金需求分析假设**。我们认为"保守性"假设是一个危险的谎言。举例子来说,如果我们出于保守而不把客户的社保收入计算在退休计划中,其结果很可能是退休计划的资源明显短缺。最后我们很可能建议客户,要么大幅降低当前生活水准,要么推迟退休时间,并且/或者更加激进地投资。这样一来,"保守性"假设很可能会导致一套不适当的、激进的解决方案。我们认为应明智地作出假设,而不能依靠毫无道理可言的"保守性"假设。

第1章 核心价值、使命和愿景

我们会坚持职业水准

- 我们的所有顾问要么已经取得了注册理财策划师认证，要么正在取得认证的过程之中。他们都应积极参与行业内各类专业团体。不断地接受教育是我们对所有专业员工提出的强制性要求。

我们会牢记客户的个人需求

- 我们对客户满怀忠诚。如果无法将承诺兑现，我们将不会对客户许下任何诺言。

我们会坚持基本的投资理念

- **风险与回报**。我们推崇对风险和回报的合理测量。
- **有效市场假说**。我们推崇弱有效假说。
- **价值高于增长**。我们推崇法玛与弗兰奇（Fama-French）的结论。
- **主动与被动**。我们采取二者结合的方式。
- **资产配置**。我们相信投资组合政策是证券投资长期业绩的主要决定因素。
- **优化**。我们相信数学优化是设计战略性资产配置模型的适当方法。即便如此，我们也相信优化程序只不过是个工具，需要有优秀的顾问对其加以运用。
- **算术回报率与几何回报率**。我们推崇使用几何回报率来进行历史分析和预测。
- **时间多元化**。我们相信时间多元化概念的结论是正确的，即时间范围的扩大会降低增持股票的风险。

我们会定制化地执行投资

- **政策**。我们相信投资政策应落实为书面文件，并根据客户的需求进行定制化。它需要描述出客户的目标并讨论客户的风险承受能力。
- **经理**。我们相信专业个人理财经理带来的业绩将远胜于客户或者财富经理直接进行证券选择和管理的业绩。单独的账户管理（包括一揽子账户）总是缺乏效率且成本高昂，这很少有例外。
- **管理无时不在**。我们认为应该定期检查客户的情况，以确定客户仍在实现其目标的正确方向上。

我们承担受托责任

- 我们相信自己完全有能力将理财策划技巧和才能同投资技巧、知识和过去只服务于大型机构客户的技术结合起来，为客户的利益而努力。

合格投资者有限公司的理念陈述

合格投资者有限公司的潜在客户会在第一次来访前拿到一份理念陈述的复印件，这样就不会对公司信奉什么或者公司将如何为客户工作存在误解。这是公司管理客户预期的第一步。

我们推崇全面的专业理财策划。我们的目标是帮助您明确重要之事，并让您的行动与您的价值观协调一致。我们期待建立一段与您相伴一生的忠实关系。

我们相信：

- 理财策划就是最大化您的财富。在合格投资者有限公司，我们将财富定义为所有资源的总和，包括物质的、感情的、身体的与精神的财富。
- 我们将通过终身策划帮助您实现一生中各项资源之间的健康平衡。
- 我们之间的沟通水平将决定成败。理财策划是个人化的，所以我们会经常让您和我们分享很多您只与家人分享的东西。
- 我们认为应将理财策划的5个方面整合到一起，包括资产保护、伤残与收入策划、债务管理、资产管理以及遗产管理。我们认为，所有这些方面对于促成客户的财务成功都是不可或缺的。
- 我们不信奉市场时机的选择。我们认为，如果您投资的时间跨度超过3年的话，您应该承受股票市场上的波动性风险。而如果您在3年内就有现金需求，那么您不必投资于股市。
- 我们相信，如果我们犯下了错误，就应该及时纠正。但是，我们首先要认识到错误。所以，如果我们有错，请告诉我们，以便我们改正。
- 我们与您应该相互赞同，相互信任。如果这样的情况不再继续，那么我们之间的关系就需要重新评估了。
- 我们认为您应该与我们一样参与计划的制订。这就意味着我们在获取信息或者与其他可能掌握这些信息的顾问进行交谈时，需要您的帮助。
- 我们相信协同配合的价值。所有相关顾问之间应充分而健康地沟通和交流，这对实现您期望的成功至关重要。

第 2 章

企 业 设 计

本章先给读者提供一份美国某知名理财机构负责人的访谈。

美国理财机构很大程度上是由 20 世纪 60 年代后期的销售模式发展而来。当时，一些股票经纪人和保险代理人发现他们的客户有着各式各样的财务问题需要处理。在这群颇有远见的顾问看来，客户的各种需要是相互联系、彼此依赖的。而从商业的角度来看，为客户策划最终会带来金融产品的销售。20 世纪 70 年代初，一群顾问发展出"6 步策划法"，并制订出"注册理财策划师"的称号。规范化的方法带来了全面理财策划书的出现。

我的第一份理财策划书足足有 103 页。当时我认为告诉客户有关她个人及其理财生活里的一切是我的职责所在。客户看到这份策划书时惊叹道："天哪，你都可以用它出书了！"就这样，经历了一个又一个的客户，直到 15 年后我才意识到，对客户而言理财策划书毫无意义，它只是对我有用而已。我意识到自己应该尽可能地去了解客户，以便指导他们做出明智的决策。我需要了解他们花钱、存钱、工作、娱乐背后的动机，才能帮助他们达成生活目标。

随着理财策划业的逐渐成熟，理财机构也逐步成长起来。我开始发现自己所做的更多的是模式化的策划，比如教育贷款、退休策划和投资策划一类。我意识到客户需要的其实是特定问题的答案。比如，我该怎样筹钱供子女上大学呢？我应该在什么时候退休呢？我应该怎样增加我的投资呢？要回答这些问题，根本不需要制订一套探讨客户财产及伤残保险需求的全面计划，客户也无需为此付钱。

20 世纪 80 年代末，策划界出现了资产管理服务。我们当时推断，客户真正想了解的是怎样进行投资。许多策划师就像找到失散多年的亲人一样找到了资产管理。嘉信理财（Schwab）、富达基金（Fidelity）和杰克·怀特（Jack White）这类公司的出现更是促进了资产管理业务的发展，让各公司能够了解总的头寸情况、下载交易活动并出具业绩报告。股票市场牛市行情让我们业绩出众。所以在那个时候，策划师的生意好到了极点。

到了20世纪90年代末，我们当中的许多人开始担心，一旦我们放弃理财策划方面的业务，就是把收入来源寄托在了市场表现上。更重要的是，我们在实务中推崇并使用资产配置与多元化原则，这就意味着客户的投资业绩赶不上任何一个业绩优良的资产组合。解决这一难题的答案在于"全方位策划"。这是避免偏颇的全面策划方法，但无需再使用厚厚的理财策划书了。正如一位著名理财策划师所说的："策划应是由程序驱动的，而不是由纸张驱动的。"

比如说，过去在进行全面策划的时候，我会主动将客户的财产意外险部分寄送给一位专门从事财产意外险业务的代理商审查，而我自己就伤残和寿险需求作出评定并制订详细报告。如今，我会确定风险敞口，并指导客户去找那些经验丰富的保险代理商。我将计划书的厚度控制在10~15页之间，将重点放在行动计划部分。

我的专业服务中最重要的部分不是那些写在纸上的东西，而是我的咨询、指导、倾听和关心，当然还包括隐藏在客户关系之下而有见地的明智策划。我以确保和改善客户生活质量为己任，这也是他们看重的因素和付钱的原因。

不过，请千万不要误解我的意思。我并不是说策划师无需掌握任何技术细节。我的意思是说，顾问应有能力对那些复杂、高深的术语进行加工，以便有效地与客户进行沟通，从而保持一种充满关怀和信任的氛围。

随着理财策划业的逐渐成熟，许多理财策划师在其业务组合中增添了更多的客户服务。最终一种新的服务模式发展起来，成为传统的销售模式之外的新选择。服务模式即便有时采用的是以佣金为基础的薪酬体系，但总体而言强调的是以客户为中心的关系，而非以产品为中心的关系。从结构上看，服务模式更适合那些创新性的理财机构。

最近的一个趋势是，越来越多来自银行、经纪、会计和法律等财务相关领域的人士开始参与理财业。其结果是出现了一种被称为"专业模式"的产物。这种模式将服务导向的一些特点与专业关系的传统特点（如令人信赖的专业人士、保密性、受托关系、以收费为基础的报酬以及不代表任何机构或产品的独立从业者等）合为一体。《美国企业视野》杂志的史蒂夫·莫伊勒认为，在不久的将来，理财顾问会

第2章 企业设计

> 实行"全面财富管理",会在理财、税务和不动产等方面提供咨询、建议和教育,并提供处理意见和投资管理服务。
>
> 如今,以销售、服务和专业模式为基础来构建理财机构都是可行的选择。不过市场趋势很明显,以销售为基础的理财机构越来越少,大多数理财机构都逐渐向服务型和专业型转化。理财机构的业务不再是产品或产品销售,而是服务,并且以无法被计算机或免费服务热线复制的方式提供给客户。信息并不能取代知识、判断和对客户的关爱。选择哪一种业务模式,由你所服务的市场和你的个人风格来决定。但在作出选择之前,你必须获得足够的信息,了解每个模式背后的赞成与反对意见。

酬金结构

媒体向公众宣传只有不参与任何利益冲突的顾问才是称职的顾问,并对销售模式、服务模式与专业模式之间的差别进行了大肆渲染。媒体不断建议,那些以佣金或者佣金与收费相结合的方式收取酬金的顾问并不能采取最有利于客户利益的行动。关于佣金和收费的论战在顾问中间已经持续了20年之久。所有顾问或多或少都面临利益冲突。不承认这点只能说明我们不够诚实。举个例子,某理财顾问选择嘉信理财作为第三方监管伙伴以方便后台运营。但对客户而言,其他的贴现经纪人可能会更便宜一些。显而易见,这就是一种利益冲突。选择该理财顾问的客户也不得不与嘉信理财建立客户关系。事实上,要衡量一个人是否是一位能给出高质量建议的专业人士,要看他是不是有能力、能否提供有价值的建议、光明磊落并充满道德感,而不是看他的酬金高低。尽管道理如此,但市场上的现实情况是,公众在一定程度上把专业水准与单纯收费式策划联系在一起,这是那些收取佣金的策划师必须克服的一种观点。

服务的收费方式

有人建议采用收费制的理财顾问将资产管理费降到20或30个基点,

然后再单独针对理财策划工作收费。这种分类计价的方式能够让客户知道他们在为什么付钱。那些不需要策划服务的客户也无需为之付费。

理财策划服务收费是和资产管理费捆绑在一起的。不少收费顾问正在采用这一方法，而且不会轻易作出改变。一位理财顾问说："我要将服务费放入资产管理费里，我才不喜欢让客户自己去做这么多繁琐的判断呢。"和许多顾问一样，这位顾问担心客户不会痛快地把钱花在理财策划服务上，在这项极其重要的策划内容上"抠门"。

有许多这样的律师，他们将小型计时器装在电话机上，每满15分钟就给客户计一次费，不管客户是在电话上，还是在他的办公室里，或者是在别的什么地方。每次需要给律师打电话前客户都要搜肠刮肚想老半天，好让自己的问题尽可能简洁，这实在是挫伤了客户打电话的积极性。客户更宁愿律师采取捆绑式的方式来收费。我们认为，这种连一分一厘都和客户斤斤计较的做法，对维持良好的客户关系来说是一个很大的障碍。

第1章曾提到过的全面策划师乔先生是按资产净值收费。他认为按业绩收费会给客户传递错误的信息。但他同时承认，有很多客户对他的收费方式怨声载道。一个潜在客户就曾告诉他："这几百万美元都是我自己一分一厘挣出来的，而你什么都没做，凭什么我就应该付钱给你呢？"尽管如此，当他坐下来告诉客户，自己的职责是帮助他们保管好这上百万美元的财富时，大部分客户还是对这样的安排持欢迎态度。

乔说："我可能需要在一天中为一个客户找到适合购买的楼房，为另一个客户办理按揭贷款担保，还要为第三个客户谈判商业医疗计划的收费。我的大部分客户都是医生，所以我已经成为支持并满足他们独特需求的专家。"他已与当地一家银行建立了联系，所以每当他的客户需要办理按揭贷款的时候，他都能提供客户的个人财务信息，然后亲自陪同客户到银行去完成交易，这样就让整个过程变得比较轻松。

乔在商业医疗计划合同谈判方面的专长已在其所服务的区域获得了很好的口碑。"医生们希望把时间花在病人身上，而不是花在与其他供应商的激烈斗争上。对我和我的客户来说，这正是全面策划的意义所在。"

销售模式

以佣金为基础的销售模式主要适用于中等收入市场。理财行业对媒体向大众鼓吹单纯收费制的做法感到不以为然。坦白地说，以单纯收费制为基础的话，理财机构将无法从中等收入的客户那里获得足够多的收费，以补偿我们所花费的时间。此外，也很少有理财策划师愿意向资产净值在中等水平以下的人收取年费。

采用销售模式的从业者大多是一些大型理财咨询公司的雇员和代理商。他们的酬金结构以佣金为基础，同时还能从公司自有产品的销售中赚取收入。这些顾问大多同时为多位客户服务。对他们而言，最重要的决策在于要与公司建立强有力的关系，因为这类从业者的大部分收入是由公司产品的销售情况决定的。

这样的结构具有很多优点，如很低的启动成本、广阔的销售市场、按部就班的程序、强大的后台支持，以及对支持性员工的管理要求较低。这些优点也同样伴随着很多缺点，包括对资源配置缺乏控制、产品选择比较有限等，更重要的是无法独立地代表客户利益。这一结构最适合于那种有较强销售能力并愿意服务于规模相对较大、复杂程度较低的中等收入市场的从业者。

服务模式

采用服务模式的从业者大多是独立的企业家。他们通常也会与一家提供相关佣金产品的金融服务机构保持联系。服务模式的某些特点与销售模式相同。顾问必须持有证券和保险执照，还必须与公司建立关系，一般是经纪自营机构。主要差别在于，采用服务模式的顾问在酬金结构方面会有更大的选择余地（例如，既可以采用佣金制，也可以采用收费制），而且产品方面的限制也更少。由于是更高层次的私人服务，这类理财机构通常会限制每个顾问所能管理的客户人数。

大部分选择这一模式并取得成功的从业者具有以下共同特点：他们都以客户为导向（与产品导向相对而言），而且在提出产品推荐意见时会遵循一定的理财策划程序。为了在市场上占有一席之地，同时也为了拓展专业能力，大部分采用服务模式的顾问已经取得或者正在努力获取被认可的认证，如注册理财策划师（CFP）执照和特许理财策划师（ChFC）认证。

很多基于服务的理财机构都是由那些来自大型机构的从业者组成的，或者是由与限制较少的经纪自营商合作的个体从业者开办的。不过，千万不要拿自己的事业开玩笑。哪怕你与某个经纪自营商有合作关系，你也只是位个体从业者。你需要制订出业务手册，而且即使你能获得监管支持，也还是要从根本上建立一些非常依赖于你的客户关系。服务模式最大的好处在于，你的工作方式可以有比较大的灵活性，你可以发展自己的风格和理念。你可以增加支持性员工，但是你的成败和成本负担完全取决于你个人和你的个性。你可以自己制订决策，而不需要将这些事情交给其他人。

服务模式最适合于希望服务于数量有限的中等和中等以上收入的客户（客户人数约为200～500人）的从业者，以及那些希望以后转为专业模式的从业者。

专业模式

采用专业模式的理财机构通常是严格遵守理财策划程序的单纯收费制（或向单纯收费制转变的）理财机构。理财机构中的专业人士得到了专业认证（通常持有多份证书），并把他们自己视为承担受托责任的人。这类理财机构通常标榜其完全的独立性（没有任何强制性的附加条件）、明智且以客户为导向的策划和执行，以及对绝对保密的承诺。

这正是媒体大加赞扬的理财机构的轮廓，其模式以客户为导向，服务非常到位。对于那些要为整个市场服务的从业者来说，专业模式不够经济可行。专业模式主要适合于由高收入或高净值客户组成的客户群。

很多提供全方位专业服务的策划师认为，有必要将客户群限制在80～150人之间。一位理财策划师特别谈到，她接纳的客户数量不会超过100

第 2 章　企业设计

个。她与客户之间的亲密联系使她无法应对超过这个数量的客户。"我主动选择保持较小的规模。我既不喜欢为管理一大堆员工而忙得晕头转向，也不喜欢为一些我不认识也不是很喜欢的客户工作。"

尽管个体从业者管理结构在服务模式和专业模式下的理财机构中也很常见，但这类个体理财机构的成长将非常有限。解决办法之一是通过合伙制来增加企业家人数。这是个极为重要的决策，第 4 章将专门对此进行介绍。

商业计划书

明确了理财机构的业务模式后，接下来就应着手制订商业计划书了。注意商业计划书不要过于厚重。有很多书籍、软件和别的资源都有助于商业计划书的制订，但我个人更喜欢使用自己的一套简单模式。不管采用什么方法，理财策划师都应该拥有一份自己的计划书供随时参考。如果连理财策划师自己都不这么做，那么还有谁会认同计划书的价值呢？商业计划书最重要的部分或许就是未来 5 年的愿景，6 个月的行动计划，以及 12 个月的预算。所有成功的策划师几乎都有商业计划书，而且一套比一套细致。

制订商业计划书

从基本的问题入手，包括你是谁，你为什么要从事这一行业，你的目标市场是哪些人，你将为他们提供什么。如果你已经制订了核心价值和使命陈述，那你肯定已经思考过这些问题了。这份计划书的第一部分包括：

- 商业计划书的编制日期和修改日期。
- 编制者（公司的正式名称）。
- 使命陈述（你希望成为什么样的公司）。
- 服务和产品。

- 客户类型。
- 经营地点。

商业计划书的下一部分题为"长期目标与战略",内容应该包括你的5年计划。这家公司的最终目标是什么?它成长起来后将会是什么样子?愿景是什么?

然后开始考虑以下运营问题:

- 你的收费结构将是什么样的?
- 你是否会使用单独第三方供应商?
- 你是否会与经纪自营商建立联系?
- 你是否会使用单独的股票、债券和/或共同基金?在选择投资工具时,你需进行哪些尽职调查?
- 你有哪些监管和法律方面的考虑?
- 你会提供什么样的服务?
- 你在人员方面有哪些要求?

接下来是营销计划。你将如何获得理想客户?在这一步中,不一定非得详细地描述出整个营销战略。但老实说,营销战略需要有一套自己的计划。在这一部分,描述出你是否将举行研讨会,是否将营造具有感染力的气氛,是否使用直接邮寄广告的推销手段等等。同样还要描述出由谁来负责营销工作,以及是否需要添加额外的人手。

5年愿景计划制订完毕后,就应着手准备短期行动计划。如果把事情分解成若干个短期目标,完成起来就会轻松许多,所以建议你设计一套6个月的行动计划。行动计划主要讨论在接下来的6个月里,你会将努力集中在哪里。行动计划可以是对外的,如市场营销;也可以是对内的,如系统开发或人员培训。要将行动计划尽可能地细化并设定一些基准来评估进度。

最后,你可能希望制订出12个月的预算。你这一年的预算是怎样的?预测收入并估计一下你预期能赢取的新客户数目。你预期会有哪些新的开支?完成这一年的预测后,你可以按照相同的程序为5年计划进行预测。

通过确定以下数据，将这些计划量化：

- 预期新增收入额。
- 预期新增客户数。
- 预期薪水额。
- 预期增加的软件、广告支出。
- 预算总结。

企业结构

到目前为止，所有讨论都隐含着一项假设，那就是从业者已经建立起与传统策划公司相似的法人结构（如公司制、合伙制或个体经营）。尽管大多数从业者会遵循传统方式，但也有人可能愿意考虑其他的创新结构，以下列举了一些非传统的企业结构。

信托公司

堪萨斯州遗产信托公司的汤姆·布雷称他的公司在变为信托公司前，采用了简单而可靠的互联网技术，与嘉信理财合作销售不收取佣金的基金，并从事全面理财策划业务。汤姆与那些中等或中等以上收入的客户一起工作，他认为这些人将来会需要强大的信托公司来为他们管理一生中积累的财富。汤姆非常愿意为美国的中产阶级提供包括家庭办公室在内的多种服务。他也知道如果这个阶层继续发展下去，他还将提供跨代财产转移服务。传统的委托安排不能像信托公司一样为这些事情提供便利。

信托公司与传统的理财策划或资产管理机构不同。它具有多种优点，包括通过委托账户、信托账户和代理账户来管理客户的全部资产。在开办信托公司前，有三个需要事先考虑的重要事项：承担受托责任、达到较高的资本金要求，以及从事严格管制的业务活动。比如，汤姆就谈到，银行的查账员每年都会登门造访，并根据清单对需要检查的事项进行一番审核后才离开。不过，在管理软件 Sunguard 的帮助下，管理结构性法定要求的工作变得轻松了许多。该软件是为数不多的几种专用信托软件之一，它的效率极高，操作界面也比较友好。

但在另一方面，经营一家信托公司要比经营一家传统的理财策划公司昂贵很多。专业化的专用软件成本较高。会计成本也会增加，因为信托公司只能使用经审计的财务数据。另外，信托公司还需要更加专业且范围更广的保险。

但并不是非得开办自己的信托公司才能提供专业的信托服务。特拉华州威明顿市哨兵管理公司的杰弗里·劳特巴赫就为顾问提供信托公司方面的支持。他认为尽管信托公司的灵活性对顾问有所帮助，但以这种业务模式为基础的理财机构背离了成立理财机构的初衷。"可能做任何事情都是一样，你应该将注意力集中在那些你最擅长的事情上，并尽可能地使用支持系统。信托服务不过是个工具而已。"

建立战略联盟与合作顾问关系

顾问最终拥有的商品是他们的时间和知识。那些大公司一直以来都以战略联盟的方式来充分利用资源，你也可以学习这一窍门。战略联盟是一种正式的业务合作方式，通常发生在两家或两家以上的互补企业之间。比如，理财机构可以与一家本地银行和两家会计师事务所建立合作顾问关系。在这种合作顾问关系中，银行将理财机构作为其投资助手，使用理财机构标准化的投资组合为银行的高净值客户服务。会计师事务所和理财机构一起合作，为会计师事务所的客户提供全面的理财服务，包括理财策划、退休策划、不动产策划和税务筹划方面的服务，并利用理财机构在策划和投资方面的专长和支持。在这种合作关系中，理财机构可能参与同大客户的面谈，或只是提供后台服务和支持。

贝恩公司的管理咨询师发现，大公司所使用的 25 种最顶尖的管理方法中，战略联盟位于战略制订、使命开发、愿景陈述和客户满意度衡量之后，名列第六。在 1997 年的调查中，发展战略联盟是 1997 年最受欢迎的管理方法之一。我们也可以使用同样的方法，通过与银行、会计师理财机构和律师理财机构建立战略联盟（或超级客户关系）来提高我们的效率。这将有益于我们的成长，顾问也无需花更多时间在面对面的会谈上。如此一来，理财机构就可以接手净值达 1 000 万元甚至 1 亿元的大客户了。另外，这些关系还能提高顾问对供应商的影响力，从而向供应商施加更大压力，进而有更多资源，开展更多的研究，聘请更多专业化的员工。

这样的安排能让你为其他企业提供从设计证券模型和建议到提供全套技术支持等服务。不管你的最终决定如何，必须先将所有的业务活动尽可能地系统化，这样才能保证你具备完成相关任务所需的控制力。记住，即使你不用与客户进行私人会面了，你仍要为他们承担责任。

合作双方必须对这段关系进行解释，共享的客户需要签署信息披露声明，说明自己已经清楚这段顾问合作关系及每方应当采取的行动。合作顾问协议必须简要描述每一方的职能，确定收费结构，双方需要提供哪些资源以及关系出现问题后应如何终止。

合作中可能需要标准化的相关表格和程序，以保证各客户关系之间的一致性。比如，在前述理财机构、银行和会计师事务所之间的合作顾问关系中，可以要求银行与会计师事务所采用理财机构专用的风险评估调查问卷，这样可以确保合作各方采取相同的方式来评估和讨论风险。

下面的例子是 EBK 财富管理咨询公司为想与其建立合作顾问关系的企业准备的。

请认真思考一下你的收费结构。如果你仍需要直接与客户打交道，那么收费可以高一些。不过，如果你提供的只是投资支持和报告，收费就应该低一点。

以上各关系的结构可能会比较复杂。你一定要保证能得到足够合法的建议，并为所有的合伙关系制订一旦出现问题时的终止计划。

EBK 财富管理咨询公司合作顾问关系表格样本

- 立刻"启动"的项目。
- 与享誉全国的财富管理机构的负责人建立的专业联系，并非表面关系或是介绍客户的安排。
- 灵活的定制化财富管理项目。
- 较低的机构服务费和机构管理成本。

服务

- 启动

    在取得所需的相关认证上互相帮助。
    在线咨询及培训：
      投资组合管理软件（Centerpiece，SchwabLink，HOMER）。
      后台操作（Schwab，SEI）。
      客户关系（合约、风险培训、投资模型及政策）。
    EBK 客户教育论坛。
    联合的客户会议。

- 后续活动

    在客户政策的制订上互相帮助。
    优化客户的投资组合。
    为嘉信的客户出具季度报告。
    通过 SchwabLink 直接进入客户账户。
    冠用 EBK 的品牌开展营销、公关和顾问业务。
    享用 EBK 的交易和经理。
    使用 EBK 的 SEI 模型。
    及时更新所有材料。

- 材料

    客户政策及投资管理协议。
    风险培训材料。
    客户教育材料。
    投资政策模板。

- 一次性合同收费

  ×××× 美元（包括第一季度在内）
- 年费

  第一年　××美元　　　　　××基点

  第二年　××美元　　　　　××基点

  第三年　××美元　　　　　××基点

  以后年度××美元　　　　　××基点

  最低额　嘉信客户　　　500 000 美元

  最低额　SEI 客户　　　 150 000 美元

第3章

应急与继任

俗话说，鞋匠的孩子光着脚。大多数顾问都不愿考虑退休、死亡以及自己或合伙人发生伤残的可能性。在他们看来，首先要处理的问题是如何竭尽全力赢取和保留客户。这一章并不会讨论企业继任规划的具体技术和机制，这些技术和机制是所有理财顾问都应熟知的基本常识。本章要讨论的是伤病等个人变故对理财机构和客户造成的影响，并指出应该怎样制订理财机构应急计划，以便在危机发生时迅速采取行动。此外，本章还会探讨在转让企业时需要注意的问题。首先，我们一起分享几位遇到这类问题的朋友的真实经历。

应急方案

针对死亡的应急方案

安德鲁是孟斐斯一家颇有名气的小型理财机构的顾问，这家理财机构的另一个合伙人叫比尔。安德鲁和比尔是在参加注册理财策划师考试辅导班时结识的，并于1985年一起开办了他们自己的理财机构。他们私底下是非常好的朋友。客户虽然是整个公司的客户，但只与安德鲁或比尔中的某一个建立关系。在一个周六的晚上，年仅41岁的安德鲁正在伏案加班的时候,突然心脏病发作,永远地倒在了他的办公桌上。安德鲁的儿子发现了安德鲁的遗体,那时候他正好去办公室找安德鲁,因为之前他的父亲彻夜未归,家里打了好几次电话也没人接。星期天上午,安德鲁的死讯不仅让他的家人伤痛欲绝,也从此改变了比尔的生活,改变了他们所有客户的生活。

当地的理财策划界为这个突然的消息感到震惊。安德鲁还很年轻,理应很健康。但是现在,他却永远地走了。一些理财顾问试图为比尔提供帮助。不过遗憾的是,没有人知道自己能为比尔做点什么。

比尔在震惊和悲伤之余,意识到公司的客户也同样会感受到这一巨大的损失。他开始给每一个客户打电话,他认为有必要在客户从别的地方知道这件事情之前,告诉他们安德鲁的死讯。所以在安德鲁的家人准备葬礼的时候,比尔则在和客户交谈并向他们保证,公司将会一如既往地为他们提供专业的支持。在接下来的几周里,比尔约见了安德鲁的每一个客户。他欣慰地发现,虽然客户们难免有些烦恼,但总的来说他们并没有对公司的稳定感到忧虑。在很多情况下,安德鲁的离开促使比尔与客户建立起更为牢固的关系。

比尔在安抚客户的同时,他个人也为好友兼合伙人的逝世黯然神伤。他同时还为自己对员工的责任忧心忡忡。他和安德鲁刚刚签订了一份新的五年期租约,并聘请了四个新员工。过去公司运营方面的工作主要由安德鲁来承担,比尔在这方面毫无兴趣,现在却不得不在最坏的境况下接手这些工作。比尔必须要保持员工的团结一致,让客户感到舒适和放心,还要照顾好他自己。

公司的员工同样也处于痛苦和震惊之中。在一年之内,就有三个员工辞职离开了,这使情况变得更为糟糕。比尔事后说,当时是公司高度的系统化和他个人顽强的毅力在支撑着公司的运营。在安德鲁死后的第三年,比尔变更了公司的名称,他感觉只有这样才能着眼未来,促进企业的发展。比尔说,他本来早就应该这么做,但又担心这样做会对已故的安德鲁不够尊重。

伤残危机

事先考虑合伙人死亡的可能性,这一做法是谨慎而明智的。事先考虑合伙人因伤残或重病而连续几个月甚至几年无法工作的可能性,这点也同样重要。你需要建立一套灵活的应急计划,因为合伙人总会康复归来。同样,合伙人康复归来以后的安排也是必须考虑的事情。

几年前,田纳西州一家理财机构的合伙人约翰被检查出患了一种罕见的癌症。作为治疗计划的一部分,他需要前往休斯敦待上几个月。约翰说:"当公司的规模发展到一定程度以后,员工队伍就不再只是我个人加上两个后勤人员那么简单了。这个时候需要考虑的不仅是客户,还有那些为公司工作的员工。我意识到自己必须制订一些计划,这样做不仅是为了我的客户,同时也是为了公司的管理。只有这样做,我才能将注意力集中在自己身上,以便早日康复。"

在约翰前往休斯敦前的几天里,他和他的合伙人鲍勃、迪克以及萨拉一起设计了一套新的商业计划书。他们还借此机会对公司进行了改组,并实施了他们在前几个月中考虑的一些变动。他们从制订客户战略执行工作表入手,罗列出了当前为每个客户提供服务的负责人。他们仔细审查了所有客户关系的性质,列出了每个客户的性格特征,并相互交流了客户签订合约的本质及其个人情况。结合这些信息及对自身性格的了解,他们实行了分工,任命了一位主要合伙人、一位直接助理和一位候补合伙人。

他们还认为有必要将约翰的病情告知客户。于是他们共同起草了一封信,在信中说明了他们了解到的约翰的病情,以及他们如何重新分配了工作。约翰解释道:"这样做还会带来额外的好处,那就是让我获得来自客户的关心和支持。通过这次经历,我开始认识到我们对客户的依赖,不单是物质上的依赖,也包括精神上的支持。"

理财机构的应急计划可以分为如下三个部分:当前的行动计划、危机期间的应急计划以及危机后的计划。下面分别展开讨论。

当前的行动计划

- **起草一份合伙人互保协议并为其准备必要的资金**。许多顾问可能认为，在理财机构成立之初就准备合伙人互保协议，这似乎没什么道理。这种时候公司大多不值一文，并且通常因为庞大的启动资金而负债累累。然而这些顾问很快就意识到，在公司开始赢取利润后，合伙人因为太过专注于增长，而无暇抽身制订这样的协议。

- **准备好企业保险计划**。保存并不断更新相关信息，包括保险金额、指定受益人、课税减免及抵扣、保费支付、续保日期以及联系电话（包括文件号），外加邮寄地址及电子信箱等。

- **准备好个人风险管理计划**。个人风险管理计划应包括伤残保险、人寿保险及财产险等。举例来说，1992年，安德鲁飓风袭击了美国南佛罗里达州的大部分地区，一些理财策划师之所以能集中精力处理飓风给本公司带来的麻烦（如财产损失以及长时间的停电）和客户遇到的困难，皆因这些策划师自己的个人保险使得他们很快就弥补了个人财产所遭受的损失。但有些准备不足的策划师则不得不暂停营业，因为他们需要花很多时间去解决个人的财产损失。

- **准备好个人遗产计划文件**。在你还在为公司效力之时就准备好高质量的个人遗产计划，这会对你的合伙人和员工产生很显著的影响。

- **向家属解释公司安排**。如果已故合伙人的家属不了解公司对合伙人遗产的安排，他们可能会对自己应得的利益有不切实际的期望。你和你的合伙人应该考虑将你们作出这种遗产安排的原由和道理告诉那些可能的受益人。如果你觉得在危机发生前就和他们谈这些事情会让你不舒服，你可以考虑写一封信或是制作一盒录像带来解释你的决定，以备不时之需。

- **制订应急计划**，确保员工、客户及合伙人的家人能在危机期间及时了解理财机构的重大变动和调整。

- **将应急行动系统化**，并在此基础上准备危机行动计划。不管发生什么样的危机，理财机构都必须采取一定的应急行动。如果你需要在危机发生时寻求一些外界帮助（如会计支持、技术咨询、私人法律顾问等），那就提前确定并写下这类帮助的方式和来源。保存一份需迅速完成的应急行动的清单，以及危机发生时的负责人的名单。

- **制订重要文件的详细目录**（如财产险政策、公司档案等）。还要说明文件的存放位置。
- **建立全面的计算机备份系统**（见第12章）。列出备份文件的储存位置，以及由谁负责系统备份。
- **除了客户名单之外，对于其他比较重要的联系人也要保留一份全面且不断更新的名单**。如律师、银行家、会计师、财产险及健康险保险商等，并且注明在什么时候以什么方式与他们联系（电话、信件或电子邮件），以及由谁负责联系。
- **明确界定合伙人的职责**，并安排好合伙人暂时离开时的工作分配问题。
- **准备好重返岗位计划**。有时候合伙人可能会在离开很久以后又重返岗位。这份计划应该包括如何重新分配职责，以及需要多长的磨合时间。

危机之中

- **执行行动计划**。这个时候已经没有时间去重新考虑你的策略了，就按照之前的计划采取行动吧。
- **立刻亲自与客户联系**，并向客户保证，你和你的合伙人已经制订出了一整套详细的应急计划，目前这套计划正在执行当中。
- **调整好自己的情绪**。千万别把自己当成是超人或神仙，你是凡人。去看看心理咨询师或心理医生，让他们帮你抚平你正在经受的情绪创伤。
- **照顾好你的员工**。考虑为你的重要员工提供心理咨询。
- **执行应急计划战略**，让员工、客户及合伙人的亲属都能及时掌握最新信息。

危机之后

- 与员工、客户和私人顾问一起回顾应急计划的效果如何，作出适当调整并记录存档。

- **如果危机源于某位重要人士或合伙人的死亡**，那就重新审视整个商业计划书，制订新的企业目标和任务。
- **回顾所有法律文件**，确保它们反映了当前业主或合伙人的性质和意图。

合伙人对理财机构的责任无疑十分重大。当你的企业达到一定规模时，你就要意识到有很多人都依赖着它的存在而生存。千万不要忘记，你并不是在孤军奋战。你要感谢你的客户、你的员工以及你的合伙人，正是他们确保了公司的生存。

继任方案

随着理财机构的逐渐成熟，是否让理财机构超越个人的寿命而存在的决策就变得愈加紧迫起来。事实上，正是这一决策将理财机构和企业区分开来。理财机构以个人为基础，个人的离开会使理财机构土崩瓦解。而企业依靠的则是结构、理念以及连续性，它不依赖于任何个人而存在。

2005年罗亚拉大学美国家族企业研究所对小企业继任人的调查显示，有50%的CEO将在未来5年内退休。另外，其中有超过70%的企业还没有选定继任人。

一家理财机构选择将年轻人安排到重要的岗位上接受锻炼，以便为职位的交接作好准备。这需要大量的时间和训练，但保证了客户关系的连续性。这家理财机构以团队的形式开展工作以满足客户需求。该机构的一位合伙人解释道，在作出淡出客户关系的决定后，他们或多或少有些失落。"不久前，我接到一个我很喜欢的客户的电话。在短暂的寒暄之后，这个客户解释道，他实际上想找的人是我的助手。他说：'我需要得到一些建议，我想和助手谈谈就可以了。'尽管这是我们的初衷，但我又觉得自己不再被客户重视与需要了。"

另一位合伙人表示，她很喜欢这个主意，她的理财机构能因此长久地继续存在，"我甚至开始想象，50年后的某天，我们公司的顾问穿过我们的办公室，看着我们这些创始人的照片，其中一人问他的同伴道：'这些人到底是谁啊？'"

　　在制订任何退出战略之前，好好考虑一下你的退休计划，这将很有好处。注册理财策划师朱迪是一位个体从业者。朱迪总是打算有朝一日将她的公司卖给别的顾问，然后退休回家养老。最近，她又开始重新考虑其公司的最后处置方式。她说："即使我退休了，我也只希望将50%的时间用于休闲，我需要找点别的事情做，所以我到时候很可能会去做义工。我越是考虑这件事情，越觉得这个想法不太明智。想想看，我将不再从事我深爱的工作，一份曾经给了我很多的工作，而换来的仅是半天的轻闲。然后在我剩余的时间里，我将为志愿者组织工作，在那里我没有控制权、没有尊重、没有回报，也没有别人的赞赏。这样的前景不是显得缺了点什么吗？"最终朱迪还是决定聘请一位高素质的人，替她分担一部分工作。这使得她能有更多时间去享受工作之外的生活。可能最后有一天，这位年轻的合伙人将会获得公司的所有权。

彻底转让

　　如果你不打算培养继任人的话，你可能会考虑将理财机构彻底转让给业内人士。罗亚拉大学的调查发现，只有40%的所有者确定了他们公司的价值。如果你的公司是你的一项重要资产，难道你不想知道它的价值，不想知道它对于你未来计划的意义么？

　　对将转让理财机构作为退出战略的理财顾问而言，牢记下面的"要与不要"清单十分重要：

- 不要过高地估计理财机构的价值。现在是买方市场，你知道这对价格有什么影响。
- 要考虑价格之外的其他事项。经验表明，只有三成的转让交易能最终达成。其余失败的交易大多是因为条款问题、格格不入的文化或者价值观上的差异造成的。
- 要请专业人士来估价。如果你打算转让理财机构以便退休养老，你肯定需要对理财机构估价，来计算自己的资金需求。问问你自己，如果没有理财机构的出售收入，退休后会不会有足够的钱养老。你应该像平时对待任何一个理财策划客户那样，对自己进行同样的分析。记住这条原则，不要指望你的理财机构成为你退休后的全部寄托，它只不过是你的额外津贴而已。

- **不要高估企业的商誉**。商誉与你在这个行当中干了多少年没有相关性。商誉是无形的，它的价值在于使客户不断上门。因此，你的加入（或是离开）对商誉有着显著的影响。
- **要早作计划**。要早点了解影响估值的要素，并在管理理财机构时留心这些要素。
- **不要将你的理财机构与其他理财机构进行比较并要求相同的条件**。每家公司各有特色，估值也自然不会一致，所以转让条件也各不相同。
- **不要将理财机构与资产管理机构混为一谈**。当迈克尔·普赖斯以8亿美元的价格把海尼证券转让给富兰克林·坦普尔顿的时候，我们都对这笔交易的价格感到极度的震惊。但是请记住，资产管理者与资产聚集者有着很大的区别。

需要记住的重要一点是，每天的收入决定了公司的价值。理财机构对你越是依赖，对另一位买家的吸引力就越小。公司越是调整得像一家商业企业，可转让的价值就越高。潜在买家最感兴趣的是客户的人口统计特点、投资理念以及收入的性质（比如，收入是不是主要由投资业绩和市场表现决定的）。潜在买家可能还会对服务水平、运营及公司内部的标准化程度有兴趣。

估价

当然，你有可能会考虑将理财机构出售给行业之外的人士，这么做很可能会遇到更大的障碍。在这么做之前，有必要核查一些重要事实。考虑下面的这个理财机构估价实例。

> **理财机构估价实例**
>
> | | |
> |---|---:|
> | 该理财机构运转良好,每年的毛利润可达 | 500 000 |
> | 通过与朋友商量,所有者期望以毛利润的4倍作为出售价格,即 | 2 000 000 |
>
> 为了计算净利润,该公司目前还有一些费用需要减除。可以按如下方法计算出公司的净收入。
>
> | | |
> |---|---:|
> | 收入 | 500 000 |
> | 减去: | |
> | 直接费用(包括所有者的合理报酬) | |
> | 运营费用 | |
> | 税 | |
> | 以上各项总和通常占这类理财机构毛利润的80%左右 | (400 000) |
> | 净利润 | 100 000 |
>
> 将100 000的净利润与2 000 000的计划出售价格相比,投资这家理财机构意味着5%的折现率。这与市场上国库券的回报率差不多,天底下有谁愿意投资一家回报率和国库券一样的理财机构呢?

有两种常用的估价方法。一种是毛利润倍数估价法,另一种则是净利润倍数估价法,使用毛利润倍数估价法的问题在于没有将实现收入所需的成本考虑在内。毫不夸张地讲,那些依据毛利润数据进行思考的顾问简直就是生活在一个不切实际的世界中。

要想提高企业的价值,有必要遵循如下几条建议:
1. **将现金流最大化**。向自己支付合理的薪水并密切关注费用。
2. **将风险最小化**。确保企业的运营并不完全依赖于你个人。
3. **管理企业的成长**。为企业的成长作好准备,避免意外事件的发生。
4. **提高可转让性**。使运营系统化。

第二部分　人员的管理

　　理财机构管理中的问题之一就是获得足够的协助。构建一支出众的员工队伍是一件极为困难的事情。随着理财机构的逐渐成熟，许多顾问都会感到有必要增加新的合伙人和员工。但是，应该雇佣谁取决于你希望获得什么样的发展。提前为未来的事情制订好计划能避免浪费时间、金钱和精力。这一部分主要讨论为选择合伙人以及雇佣并留住优秀员工进行战略规划的价值所在。

第4章

合伙人

  几年前，在美国明尼阿波利斯举行的国际理财策划协会成功论坛上，一个年轻的策划师拦住了刚刚走下讲坛的演讲者，年轻人说他过去5年一直在当地一家中型理财机构工作，现在他想成立自己的理财机构，让工作更加灵活。他还想找一个合伙人。在问到为什么想找一个合伙人时，年轻人说，他对能否把握好这次机会感到有些紧张，希望能找一个人和他一起分担责任和工作负担。年轻人接着说："我想我已经找到了合适的人选。他是一名经纪人，把自己的业务经营得很出色。虽然他不从事策划工作，但他告诉我说，他并不介意有一位干这一行的合伙人。"

  当事业发展到一定阶段时，很多从业者就会考虑聘用一位合伙人。就像上文中提到的那位年轻的策划师一样，你可能在考虑重组理财机构时会产生这样的想法，或是面对业务的迅速增长，无法在保持原有客户关系的同时兼顾新业务时，你也会考虑这件事情。增加新的雇员，会迫使你花更多的时间去管理员工，从而分散你原来集中在客户服务上的注意力。这个时候你会想："要是我有个合伙人就好了。"你很可能希望找一个和自己一模一样的人。

  英国管理学专家梅雷迪斯·贝尔宾博士用9年时间对管理团队的效率进行了研究。其著作《管理团队》一书为如何建立合伙制企业提供了很多宝贵建议。贝尔宾博士的研究主要是关于如何组建一支强大的团队。他首先假设最有效率的团队应当由最有效率的人组成，于是他建立了一家全明星合伙制公司，由那些聪明且具有判断力的人组成，称之为"阿波罗团队"。但出人意料的是，与那些由不那么杰出却能互补的成员组成的团队相比，"阿波罗团队"在完成任务时反而会明显吃力很多。其症结在于，"阿波罗团队"中的每一个成员都雄心勃勃，希望在组织中承担相同的职责。结果，他们将许多时间都耗费在劝说其他人接受自己的意见上，反而不幸地成为了最缺乏效率的团队。如果你想找与自己完全相同的合伙人，结果也会如此。

为什么要选择合伙制

要弄清楚自己为什么需要一个合伙人，这点非常重要。前面提到的那位明尼阿波利斯的年轻人不过是对独立经营理财机构缺乏安全感，所以想找一个合伙人让自己坚强起来。很遗憾，如果仅仅是为了消除不安的话，那么泰迪熊玩具将会是更好的选择，而且要便宜许多。要明确你为什么需要一个合伙人，可以问自己如下几个问题：

- **我能为这一合伙关系贡献些什么？** 别人为什么愿意和你合伙？作为一名合伙人，你拥有什么力量，能提升他人的能力？合作双方都应该将合作看成是共同利益所在。
- **你的理财机构最缺乏哪种能由他人的加入得到加强的才能？** 第 1 章最后提到的合格投资者公司的一位合伙人就承认自己不擅长行政管理，所以非常感谢公司的另一位合伙人。那位合伙人不仅是一名优秀的行政管理人员，而且十分热爱行政管理工作。
- **我是否必须要与别人分享所有权，还是只需授权给重要员工？** 不要想当然地认为合伙制是解决问题的唯一办法。任命新的高级职员也有可能达到与增加合伙人一样的效果。
- **与另一家理财机构分担管理费用、分享资源，会不会是更好的选择？** 对于有的人来说，这种做法可能是所有选择中最好的一个。你的理财机构仍由你独立管理，但需要时你也可以获得资源和帮助。当然，这样做也会有一些不太明显的弊病。如果你们要在相同的品牌下经营不同的公司，那你可能需要为这种合作行为承担风险。世界上所有人都会把你们看成是合伙人，这是不容小觑的风险。

- **如何在工作中分配权责？** 曾经有一对十分完美的合伙人搭档。两位合伙人将各自的客户都当作整个公司的客户，客户可以轮流与两个合伙人进行会谈。两位合伙人有着不同的工作风格和特点。这样，他们与客户会谈时，就会有不同的侧重点，从而有助于增强同客户之间的联系。

- **合伙制将会给理财机构带来什么新鲜的观点和业务？这些变化是否利大于弊？建立合伙关系是否能给双方都带来好处？** 如果你与一位经验老道的顾问组合到一起，看起来他会为这一组合带来一套成熟的技巧。这从表面上看可能很棒，但你要确定这些技能正是你希望引进理财机构的。我认识的一名顾问兼并了另外一家提供税务筹划的理财机构。当初作决定的时候，他认为这样做能把税务服务整合进新的实体之中，提供给每个客户。但这位顾问并没有意识到，税务筹划服务将会给整个业务带来多大的冲击。税务筹划是一项很花工夫的工作，得不偿失。更重要的是，这项全新的服务使他现有的一些客户推荐人产生了敌意，其中大部分是注册会计师。

- **引入一位合伙人将提高利润，还是仅仅增加工作负担？** 非常有必要分析一下增加合伙人会对预期利润产生什么样的影响。很多时候计划看起来不错，但实践起来却不太理想。

将性格放在第一位

每一位策划师在谈及合伙关系时都会说：这就好比婚姻一样。实际上，合伙关系和婚姻还是有一些差别的。当然，这两种关系都要依靠成功的团队合作。如果我们明白怎样去构建一支完美的团队，我们就能将它付诸现实。

定义成功的团队

贝尔宾发现，大多数成功的团队都是由那些互补的成员组成的。团队里一旦融入了各种互补的性格就能所向披靡。他进一步认为，明确几种主要的性格及这些性格所适宜的职责，将是我们寻找合伙人的一个良好起点。

首先，明确能与你互补的人应具有哪些性格特点。在此之前，你先要对自己的性格和风格有一个清晰的认识。贝尔宾将人的性格概括地分为4类，你可以以此为依据对自己进行归类。这几种类型是由贝尔宾的外向—内向以及稳定—焦虑量表确定的，如下所示：

- 稳定外向型的人擅长于在协作、沟通的关系下工作。他们一般性格随和，容易被其他性格的人所接纳。他们很有可能成为杰出的销售人员。
- 焦虑外向型的人通常工作节奏比较快，而且喜欢处在能够激励和影响他人的位置上。他们善于抓住机会，对局势的变化应付自如。焦虑外向型的人很可能成为杰出的销售经理。
- 稳定内向型的人适合在比较小的团队中工作，维持长期的关系。他们精于细节、计划和组织技巧，能成为很棒的管理者。
- 焦虑内向型的人倾向于以自我为中心，而且对事执着。他们尤其缺乏团队精神，非常适合一个人工作。

如果你觉得根据这些简单的描述还很难确定自己的性格的话，那么就罗列一下你在公司里最喜欢做的事情。是在领导位置上运筹帷幄，还是参加客户会谈，或是核对数字？你会尽可能避免做哪些事情，或者把它们推迟到最后？你是否有许多好主意因缺乏时间、机会或人手而无法付诸行动？

贝尔宾还区分了团队里的8种不同角色，这对确定潜在合伙人的性格特点很有帮助。

合伙制设计和投资组合设计十分类似。其核心是强调组合搭配（即合伙关系）而不是证券本身（即合伙人）。合伙关系强调的是平衡，需要的不是那些各方面都很均衡的人，而是那些具有某种特点彼此相得益彰的人。

团队角色

类型	典型特点	优点	缺点
领导者	自信、自制	对目标高度敏感	平庸的创造能力
劳动者	保守、平庸	组织能力和原则性强	缺乏灵活性
塑造者	开朗、有活力	充满干劲,敢于挑战	缺乏耐心,易怒
创新者	个人主义、异端	充满干劲,敢于挑战	缺乏耐心,易怒
调查员	外向、热情	勇于探索新鲜事物	很容易失去兴趣
评判者	冷静、谨慎	有见解,富有判断力	缺乏灵感,难于激励
协调员	社会导向、敏感	能促进团队合作	没有主见
完工者	有序、尽职尽责	完美主义者,有始有终	总是为细节操心

团队精神评估

贝尔宾的理论或许有助于你区分出不同的性格类型,但是在考虑合伙人或者团队的时候,你还要考虑各自不同的工作风格偏好。加利福尼亚州圣克鲁兹市的威廉·塔格特博士开发了一套个人风格量表。塔格特博士的研究指出,在区分个人偏好的行为方面存在6种个人风格模式。这6种风格模式包括:计划、想象、分析、领悟、控制和分享。风格模式能够说明你在完成工作、解决问题和规划未来时会如何反应。

塔格特博士还研究了人的性格以及我们处理信息的方式。除了这些风格模式之外,他的研究还指出,人有两种主要的决策偏好方式(理性型和直觉型),可以通过6个风格维度衡量出来。在这些结论的基础上,他设计了一套个人风格量表,帮助人们对自身的理性/直觉偏好有比较直观的了解。用他的术语来说,一个具有理性偏好的人在为未来作准备时会严密规划,在解决问题时会细致分析,在开展工作时会严守规程;而一个具有直觉偏好的人在为未来作准备时会调动想象力,在解决问题时依靠领悟力,在开展工作时充分与他人分享。塔格特博士的研究十分全面,而下面这份简短粗略的问卷是他设计的一套小测试，能够让你对这项研究的应用有所了解。

下面四项陈述描述了与日常工作或生活经验相关的某些行为、信念或偏好。在每项陈述后根据你自身情况给出相应的分数。

答案	得分
从不	1
偶尔	2
有时候	3
经常	4
相当频繁，但并非总是这样	5
总是这样	6

1. 如果我有一项特别的任务需要完成，我会从一开始就仔细规划。
2. 我认为，事前作好安排、采用循序渐进的方法是解决问题的最佳办法。
3. 我更喜欢那些充满想象力的人。
4. 我会将问题看成一个整体，从各个角度去认识它。

首先，将前两个问题的得分加总。比方说，前两个问题的分数分别是 5 分和 3 分，那么前两个问题的总分就是 8 分。然后再算出后面两个问题的总分。比如，如果答案得分都是 6 分，那总分就是 12 分。最后用前两个问题的总分（即 8 分）减去后两个问题的总分（即 12 分）。在这个例子中，你的最后得分就是 –4 分。再看看下面这个量表：

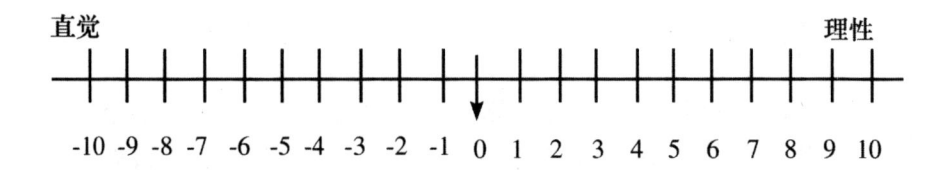

直觉　　　　　　　　　　　　　　　　　　　　　　　　理性

-10 -9 -8 -7 -6 -5 -4 -3 -2 -1　0　1　2　3　4　5　6　7　8　9　10

如果得分为正，那么你是一个以理性偏好为主的人，你通常运用理性原则去处理事情。如果得分为负，那么如上图所示，你是一个以直觉偏好为主的人。如果得分正好为0，那么你在直觉和理性之间有一个很好的平衡，而且会根据工作需要从两方面采取行动。

卡尔·荣格是第一个将直觉作为性格特点的人，他建议说，有的人（直觉型的人）对在不确定的情况下认知和处理信息有一种与生俱来的感觉。而理性型的人则更倾向于采用分析的办法，重视过程与规划。不过，你没有必要找与自己完全相反的人做合伙人。塔格特和佛罗里达国际大学的阿尼西亚·托马斯博士总结说："要想取得成功，大部分组织需要在创新和效率两者之间实现平衡，在某些方面要培养直觉，同时在另外一些方面要提高理性。我们的经验表明，那些在理性与直觉之间相互平衡的团队最有可能完成任务（取得成功）。"只有认识、尊重并利用这些差异，合伙关系才能走向成功。

理财机构中的成功团队

塔格特博士的研究能够很好地应用到理财机构的业务实践中去。通过塔格特博士对合伙人和职员的调查，我们能鉴别出我们当中的哪些人最适合一起工作。更重要的是，我们明白了为什么只要适当调整一下工作职责和团队结构，我们就能更好地完成工作。一位理财机构的职员对此深有感触，她以前在与另外一位员工一起工作时老是出问题。"这真是让人恍然大悟啊，我现在意识到我们有着截然不同的工作风格。我总是要求她按照和我一样的方式去完成她的任务。现在我了解了她的个人风格，对她有了与过去不同的期望。我以后再也不会像原来那样，动不动就感到沮丧了。"

对工作风格差异的理解能帮助团队更好地工作。对这点最有力的论证恐怕要数塔格特博士为"阿尔法团队"所做的工作。阿尔法团队是一支由来自全美9家公司的13名成员组成的学习团队。它是一支非正式的学习团队。组建阿尔法团队有着重要的目标。当时那些共同基金的投资组合经理并没有提供太多的信息，但理财机构需要了解的远比招股说明书能够提供的信息多，包括投资组合经理的风格、程序和思维方式。组建阿尔法团队后，团队成员就可以接触到各式各样的基金经理，向他们了解信息，甚至要求直接和他们通电话。

团队每月都会和基金经理通话。每个月都会邀请一位基金经理参与召开一次电话会议。不久以后，这个主意很快被推而广之，基金经理们开始召开自己的电话会议，邀请各位顾问参加，无需阿尔法团队自己组织电话会议。短短两年时间内，电话会议风行业界，几乎每天都有至少5个不同的电话会议可供策划师参加。

但团队在运作中似乎一直面临一种痼疾。在定期举行的会议上，团队会设计出一项项精彩的方案和白皮书，并带着雀跃和兴奋结束会议。但到下次会议的时候，却没有一件计划过的事情被付诸行动。团队所有成员就是想不明白为什么自己总是劳而无功。在这种背景下，他们请来塔格特博士给他们做工作风格测评。塔格特博士告诉团队负责人说："真是叫人难以置信，你们每个人都是极端的直觉型工作风格。你们中根本没有计划者。"所有成员都对此感到无比惊讶，因为他们一直自命为一流的理财策划师。塔格特接着说，阿尔法团队更好的角色或许是行业智囊团，将设计好的方案交给那些喜欢执行任务的策划师去付诸实施。这一建议起到了惊人的效果，也让整个理财机构如释重负。从那以后，阿尔法团队负责出谋划策，然后再将好的想法交由其他同行实施。

迈尔斯·布里格斯类型量表恐怕是目前最广为人知的性格量表，它建立在卡尔·荣格的心理类型理论的基础之上。这一工具将性格划分为16种类型，每种类型都包括一些特定的性格特点。针对93个问题的答案从4个维度对性格进行定位：

1. 是外向型，还是内向型。
2. 是理智型，还是直觉型。
3. 是思考型，还是感觉型。
4. 是认知型，还是判断型。

这是一套被广为使用的性格测试，这里就不再详细介绍了。尽管如此，本书仍愿意强调它的实用性。一些研讨会曾特意使用迈尔斯·布里格斯量表，发现它非常有用。你也会发现，运用这一工具能够有效地确定潜在合伙人身上与你互补的性格特点。

成功合作的其他关键因素

共同的愿景

确定了性格类型后,下一步应该做的是确保你和你的潜在合伙人对理财机构的未来抱有相同的愿景,并持有相同的价值观。在成立合伙制公司前,你们一定要能够彼此尊重,愉快地一起工作,而这些并不是一朝一夕可以形成的。这就像大部分夫妇在结婚之前都经历过某种形式的恋爱一样。在正式转让部分所有权之前,你也要与潜在合伙人建立起正式的亲密关系。

可以选择的方式包括建立临时的合伙关系,或在一段时间内进行尝试,或者允许对方在一起工作了较长时间后买进部分所有权。不管选用哪种战略,都要确保权利的对等,要让双方都能在关系出现问题时有办法退出。在尝试期内,要安排好频繁的评估测试并保持沟通。

避免"婚姻"危机

越来越多的顾问开始考虑引入一些新合伙人来分担工作负荷,或是以此作为公司继任计划中的一环。不幸的是,这样做很可能会扰乱现有合伙人之间的关系。我将这种现象称为"婚姻危机"。

一个朋友告诉我,他和他的合伙人共同拥有一家采用单纯收费制的理财机构。此后另一位策划师也想加入到这种合伙关系中来,并建议两家公司合二为一。这位策划师是一位主要采用佣金制的经纪商。他愿意将自己的部分收入贡献给合并后的理财机构,同时领取一份丰厚而可靠的薪水。他是一位出色的推销者,似乎能为公司吸引来大量业务。于是,我的朋友给予了新合伙人15%的股份,并向他支付75 000美元的基本工资。

没想到,合伙人之间却发生了一些不愉快的事情。这位经纪商并未能带来许多他应带来的业务。他的原有客户更喜欢支付佣金，对新公司单纯收费制的理念感到很不快，不愿意支付年费。这位新合伙人的确是一位出色的推销者，但是甚至那些他吸引来的新客户也与新公司的客户群不一样。公司不能长久地留住这些客户。更为不幸的是，他们三个人里没有谁曾在合伙计划中提到过退出战略。就这样过了四年以后，我的朋友和他原来的合伙人正在想尽办法让新合伙人离开。事后看来，先建立联营关系，再视情况决定是要进一步合作还是终止合作，这样做能省去很多麻烦。

寻求共识

如果你已经决定引入一位新的合伙人，就需要调整公司的定位和愿景陈述，以保证你们能对商业计划书和目标达成共识。在任何业务关系中，最难处理的事情就是不同合伙人对轻重主次的看法也不同。合伙人越多，这类看法上的分歧就越大。明确界定公司的核心价值并建立共同的投资理念，有助于解决这些问题。

在思考经营风格的共性时，你应考虑清楚你和合伙人对于公司未来的成长是否有着共同的愿景。一位资深理财策划师曾谈到过这一点，在成功地将客户群的规模扩大了数倍之后，他和他的合伙人一致认为，受理更多的客户并不符合他们的成长愿景。他们更希望将更多时间花在更少的客户身上，而不是与之相反。最后，他们一致决定减少客户数量。

接下来还需考虑一些现实问题。你们的产品将会是什么样的？你们将会使用哪些投资工具？比如说，你们是否都赞同积极的财务管理？你们是否都只使用共同基金，还是也使用单独的账户、单支股票和债券？要想实现合伙制的成功，你们必须能够灵活变通，适应性强，而且具有一定的沟通和让步能力。

找到合适的合伙人和决定增加合伙人一样重要。你必须想清楚，这段关系将如何运作，你希望从这段关系中得到些什么。仔细列出并分析增加合伙人的原因后，你可能会发现，你真正需要的是一位优秀的管理者来经营这家理财机构，好使你能将精力集中在获取新的业务上。也许，你真正需要的是一位优秀的推销员，好让你腾出一些时间来为现有客户服务。即使你深思熟虑地分析过你的需求，发现的确需要一位合伙人，并认真挑选了一位与你性格相匹配的合伙人，合伙制公司仍有失败的风险。所以，请务必审慎计划，并考虑一下是否先作尝试。

合作的注意事项

由谁来负责

安排好合伙协议后，你和你的潜在合伙人需要选出一位管理合伙人。同时让几个人站在船头充当舵手的想法是不现实的。管理合伙人应该是最擅长管理和组织技能的人。所有的人员管理和日常业务决策都应当是管理合伙人的职责。你应当诚实而现实，如果管理不是你的特长，就应将舵交给你的合伙人，然后放心大胆地让他负起责任，不要干涉他。你们每个人在组织中承担着各不相同的职责，应该互相尊重，因为每个人都在为公司这个整体贡献自己的力量。

定期的评估与检查

作为一名从业者，有必要使用一些基准来衡量客户的进展情况。相应地，你和你的合伙人需要建立一套基准来定期检查你们的进展。设定短期（如3~12个月的目标）和长期（如3年）的基准，包括业务目标，如每季度的新客户数目，以及组织目标，如增聘员工或购买软件。最后，罗列出你们的个人目标。企业目标和个人目标通常会相互关联，因此将这些目标与你的合伙人一起分享是比较明智的做法。除此之外，你还需要评估进展和成绩。下面给出了一份合伙人评估表样本：

> 1. 你是否完成了去年制订的个人目标？请描述你的成功和失败之处。
> 2. 就个人而言，你希望在未来 3 个月、6 个月和 9 个月里取得哪些成绩？
> 3. 你对自己作为一名合伙人的表现是否满意？如果不满意，你希望做出哪些改进？
> 4. 你对这家公司来年的情况有什么预期？2 年、5 年后的情况呢？
> 5. 你最希望自己在明年同期取得哪方面的成就？
>   A. 个人方面　　　　　B. 朋友方面
>   C. 职业方面　　　　　D. 金钱方面
>   E. 家庭方面
> 6. 你最希望公司在明年同期取得哪方面的进展？
>   A. 客户数量　　　　　B. 管理的资产总额
>   C. 雇员数量　　　　　D. 你的薪水和公司利润

定期的合伙人会议

关于这一点，有一位合伙人谈到：

"五年前，我和我的合伙人开始召开正式的合伙人会议。这类会议与所有人都参加的公司会议有所不同。我们总是在办公室以外的地方开会，要么是在我家，要么就去酒店。这些地方没有让人分心的事物也没有干扰，而且经常能使我们产生新鲜的想法。

"我们会以我撰写的'公司现状陈述'的报告作为会议的开场白。这份报告包括详细的财务报告、员工评估和成长项目。接着会讨论我们的基准与个人评价，并以战略规划结束这一天的活动。我们经常会回顾使命和愿景陈述，以保证未来一年的新目标与其保持一致。"

合伙人的薪酬

你和你的合伙人承担着不同的工作职责，因此你需要花时间去制订公司的薪酬结构，既要体现公平，又要让合伙人感到满意。不过，从我的经验来看，若合伙关系没有发生实质性的变化，反复调整薪酬结构是不明智的。

很多成功的理财机构都有一套基于个人贡献的合伙人薪酬结构。每个合伙人都拿同样的基本工资，而奖金则以每个人带来的收入而定。

一家理财机构最近在讨论如何为他们的一名新合伙人设计薪酬结构。这位新合伙人仅行使后台职能，并不直接负责寻找新业务。其他的两位合伙人已共同工作了7年。他们建议给这位新合伙人一份基本工资，外加一定比例的新增业务提成。这个办法的合理性值得商榷，因为新业务完全要依靠原来的两个合伙人。这样做有可能导致三个人互相抱怨，因为第三个合伙人的奖金建立在并非由他揽来的新业务之上。考虑到新合伙人会影响到理财机构对客户的保持力，因此其薪酬结构应建立在客户保留而非客户增加的基础上。薪酬应当与合伙人对公司价值指标的影响相联系。

出让部分所有权

是否应该出让少量所有权以激励员工，这在业界存在很多争论。很多注册会计师理财机构和律师理财机构都在使用这种方式来留住那些优秀的专业人士。我对此持有异议，一些理财顾问也有同样的看法。大多数异议集中在继任计划的缺失上。我们中的大部分人都还没有决定，最终如何处置我们的理财机构，因此在继任事宜尚未确定前就出让所有权会很麻烦。不过在某些情况下，出让所有权可能会取得很好的成效。实际上，出让所有权是某些理财机构的继任计划中不可或缺的一部分。

下面这位理财顾问的做法很有代表性。这位顾问从个体从业者起步，随着业务的发展，他添加了一些新员工。事实证明，这些新成员非常能干，这位顾问感觉到只有提供一些激励才能留住他们。他认为，丰厚的薪水、奖金和福利不足以挽留优秀的人才，于是他安排向一些重要员工出让了少数公司股权。他谈到："结果令人惊喜。"员工与公司利益息息相关，对待自己职责的态度也大为不同了。"现在这位顾问正考虑以员工股票期权计划作为未来的激励方式。"坦白地说，这些人就是我安排的退出战略。"

相反，有些理财顾问并不打算用少数股权稀释本人的所有权。比如，一位理财顾问对此有这样的看法："新增的合伙人会获得与我们相同的股权。至于员工，我们会更多地考虑虚拟股票激励计划。"虚拟股票安排由于并不涉及实际股票的发行，因此能避免实际股票转让中极为耗时的管理细节。公司按照等值的股票价值向员工支付额外的报酬。当然，公司会定期评估公允价值。在将来员工离职、死亡或伤残的时候，公司会计算出员工应得股票的价值，并发放给员工（或其家人）等额的现金。这一做法能激励员工参与公司的成长，而激励所需的现金则能延期再发放。

规划自己的未来

作为一名顾问，你的职业就是指导人们实现他们的财务目标。如果你很少花时间为自己规划未来，也不可能为客户提供好的建议。不管你是选择个体从业、联营方式还是合伙制，都要像设计投资计划一样规划你的理财机构。毕竟，客户的未来取决于你对自己的未来规划得怎么样。

第5章

员 工

如果没有优秀员工的支持，你也很难满足客户的任何需求。随着理财机构逐渐成长起来，向重要的员工授权对你的发展和成功至关重要。但是几乎每一个我认识的顾问都为寻找、聘用并留住合适的员工而历尽艰辛。理财机构规模越大，要完成这项工作就越是困难。

为吸引优秀的人才有许多屡试不爽的方法。但是要想把他们留住，办法只有一个，那就是高质量的培训、丰厚的薪酬和福利，以及有助于个人发展的充满挑战的工作环境。理财机构能否取得成功，取决于这些每天与客户进行接触的人。事实上，那些长期客户如果是和长期员工在一起工作的话，会感到更加放心可靠。

你可能已经花了不少时间来了解如何管理客户的预期。请付出同样的努力去了解怎样管理员工的预期吧，你定能从中获得回报。只需记住，出于对客户的考虑，懒惰的员工造成的损失根本无法弥补。

聘用、指导和实习

为了找出最有效的聘用和留住优秀人才的办法，我们花了大量时间和精力。我们比较喜欢学徒制的员工安排方式。我们寻找那些受过良好教育、性格不错同时工作风格十分灵活的人。如果有人符合这些要求，我们通常会用我们的理念和方法来培训他，将他整合到公司中来。实习生是我们最喜欢的新员工招聘来源之一。但是，这样做需要花费2~3年的培训时间，公司也需在时间和金钱上进行一些投资。

一直以来，我们几乎总是在内部提升，而绝少雇用外部的高级顾问。这一做法让我们能够熟悉每个雇员的工作风格和能力，同时员工之间的配合也更加流畅。

一些理财机构开始意识到，科技在理财业务中的重要性日益凸显。如今即便只是整理一下文件也需要一定的技术知识。这些理财机构让实习生在业务的方方面面发挥作用，特别是在协助策划师方面。一位理财策划师说："这是一个态度问题。我可以让档案秘书按照特定的方式准备客户文件，但档案秘书只会把这项工作当作是一件琐碎的小事。而当我们的实习生去准备这些文件的时候，由于他知道这对理财机构的运营至关重要，他的工作态度就完全不一样，工作结果自然也就截然不同。"实习生年轻、求知心切、对工作充满热情和喜爱，而且他们总能让你学到一些东西。

在理财机构成立之初，我们习惯于将那些专业的内勤人员称为"顾问助手"，后来又管他们叫"助理顾问"。随后我们发现客户倾向于将助理顾问看成资历较浅的人员。为了拉近客户和这些专业人员之间的关系，我们需要确保他们变得更加专业，并表现出老道的经验。因此，后来我们用"顾问"这一称呼来描述那些与客户直接打交道的专业员工。为了显示区别，我们将公司的负责人称为"合伙人"，而不再是"顾问"。

一旦你将其他顾问请到你的理财机构中来，你会希望和他签订一份正式协议。这份协议将规定客户是与公司还是与个人建立联系，以及如果你决定辞退该顾问，你将如何收拾局面。这里建议理财机构与顾问之间签订一份非竞争协议。稍后给出了一个简单的非竞争协议样本。

非竞争协议中声明，客户是公司的客户。实际上，这是为了阻止顾问在离开公司后带走客户。随着理财机构对你的依赖性变得越来越弱，而对团队中其他人的依赖性变得越来越强，非竞争性文件就显得至关重要。另外，如果你打算在将来的某个时候将理财机构转让出去的话，这些协议也能把那些重要职员留在公司。

一家理财机构的合伙人告诉我，他作出建立非竞争机制的决定，是为了解决一个很棘手的困难。"我们最关心的事情是让那些充满抱负的初级职员与我们的客户接触，毕竟这对我们发展成一家充满活力的理财机构很重要。"这位合伙人解释道，员工只要签订了非竞争协议，就能与客户展开更加全面的接触，这对理财机构抓牢自己的客户也有所帮助。他最后说："如果人人都签下这个协议，我们大家都会在某种程度上感到轻松自在。"

非竞争协议样本

1. 考虑到公司付出的培训及教育成本，本人同意如果理财策划公司因故解除与他的关系，他将在12个月内不成立或不加入本市任何一家与理财策划公司存在竞争的投资顾问公司。

2. 本人承认本人的所有客户都是公司的客户。本人同意一旦离开公司，将不会和任何本人服务过及公司正在服务中的客户或潜在客户联系。本人承认有关客户账户的文件和记录都属公司所有，未经公司书面批准，不能复制或用于其他任何目的。本人承认，本人知道公司重视本人经手过的所有材料和程序的所有权，本人将严守机密。一旦本人离开公司，本人将不得带走任何材料或将这些材料用于个人目的。

3. 本人愿意遵守公司的相关政策。在没有得到合伙人书面允许之前，本人将不会向公众（包括媒体）提供任何书信、复印件以及其他受到严格限制的材料。典型的例子包括市场评论、中期报告、策划书及政策文件。

4. 所有之前达成的协议都以此协议为准。

   签名_____　　签名_____
   　　（顾问）　　　　　（（公司）总裁）
   日期_____　　日期_____

员工是最有价值的资产

员工是给潜在客户留下第一印象的人，他们既能增强你与现有客户之间的关系，也能摧毁它。如果你想吸引最好的客户，你就要聘请到最好的员工，培训他们，然后授权给他们。你要给他们一种超越员工价值的自我实现感，并向他们支付相应的报酬。你要像对待自己最好的客户一样对待他们，了解他们对雇佣关系的期望并管理好他们的预期。为使员工知道，他们对我们的企业而言是何等重要，我们需要花费很多时间来表明对员工的重视。

金钱之外

　　普林斯顿研究机构的一项研究发现，那些18～29岁之间的员工认为个人成长、发展空间和福利（医疗保险、假期和灵活工作制）要比金钱和工作时间更为重要。不少理财机构70%的员工都在30岁以下。非常明显，我们的雇员想要得到的是灵活性、福利选择、尊重、个人及职业上的挑战，以及金钱。金钱当然是必需的，但光靠金钱远远不够。

　　不久以前，一家理财机构的几位员工突然集体辞职。在离职面谈中所有员工都谈到这家公司不是"一个让人愉快工作的地方"。这家理财机构的负责人十分困惑："我几乎无法理解他们。在我成长起来的那家理财机构里，工作就是工作。"在不明就里的情况下，这位负责人聘请了一位企业顾问。这名顾问提供了一些简单易行的建议，这些建议收到了立竿见影的效果，员工队伍普遍感到心情愉快。"我怎么会知道员工竟然非常希望每周五能穿便装呢？"企业顾问建议这位负责人举办更多以家庭为中心的活动，如公司野餐和假日舞会等。当然，就目前而言，首先要允许员工每周五能穿便装上班。除此之外，这家理财机构还聘请了一位办公室经理，这位办公室经理将和其他重要职员一起对员工手册进行彻底的修改。办公室经理与那些30岁以下的员工年龄相近，所以这项变革在公司里取得了显著的效果。

　　并不是每家理财机构都请得起企业顾问，幸运的是，你也可以在简·阿普尔盖特的《给企业的201个金点子》一书中寻找答案。这本书能教会你许多如何照顾员工、营造更好的工作环境方面的小技巧。

　　一家理财机构的合伙人说，他每两周就和他的员工一起出去玩一次，通常是为了庆祝某件事情，比如说税务日，或者其他值得庆祝的事件。

"每个人都很喜欢这样,我们玩得很开心,对公司里的其他人都充满好感。"无独有偶,另一家知名理财机构同样也安排了一些公司午餐和户外活动。现在,在那些成熟的顾问公司中出现了这样一种趋势,那就是举办一些"公司—家庭活动",以便有机会将员工凝聚在一起。经过数年这样的活动,我们发现员工之间已经建立了深厚的友谊,他们现在都开始自己组织和策划活动了。

在如何管理员工方面,很多理财顾问都有十分独到的见解。对于那些单枪匹马起家、而今已经拥有众多员工的顾问来说,这肯定是一个很热门的话题。一位理财顾问告诉我,她不仅把员工看成宝贵的财富,还将他们视作企业的"资金来源"。她说:"如果你想为一家新企业融资,你可能希望既有一些股权投资人,又有一些债权投资人。在职员安排上,债权投资人就是那些忠实可靠的员工,他们并不是特别追求晋升,但是非常热爱正在从事的工作,而且完全打算一直从事这份工作。他们希望自己的努力得到良好的回报,却很少为企业家式的职业路径所激励。债权投资人类型的职员追求安全感和收入。相反,那些雄心勃勃地走在职业道路上的股权投资人类型的职员则会追求激励、挑战和机遇。"埃莉诺认为,公司对这两种"资产类型"应该区别对待,为他们提供不同的薪酬和福利组合。

薪 酬

我们已经按照员工自己选择的职业路径设计好了薪酬制度。每年我们都会和每个员工单独吃一顿午餐,讨论其个人目标,因为我们希望他们中的每个人都一直是员工队伍中成功而满意的一员。要知道,职业路径并非永恒不变。我们的一名顾问最初就是从事后台工作的。刚开始的那几年,每年我们一起讨论他的未来计划时他都告诉我们,他对自己现在所从事的工作很满意,不打算从事其他工作。后来有一年,因为人事上的变动,我们让他在我们找到新的人手前也暂时参加一些与客户的面谈。就在那个月里,他突然宣布他想参加注册理财策划师课程,并同意承担顾问的工作。显然他对未来有了新的计划,并愿意为之承担风险。他希望自己有一天能成为呼风唤雨的合伙人,拥有自己的客户群,最后独立地工作。因为他有了新的职业路径，我们对他的要求也发生了相应的变化。他告诉我，他现在平均每周工作60个小时以上。

奖　金

我们以前并不认同发放奖金的做法。奖金总是让人觉得难以预测，我们也不认为它对每个人来说都是最好的激励因素。相比之下，我们更喜欢为员工们提供一份确定、合理的丰厚工资。后来，我们看到芝加哥大学的行为金融学教授迪克·泰勒的理论。在泰勒看来，古典金融学理论认为理性投资者依据理性的思考作出决策，行为金融学理论则认为投资者并非是理性的，他们按照自己的心理捷径或经验法则来处理复杂的问题。这些心理捷径也被称为启发法（Heuristics）。其中有一种启发法，泰勒称之为"心理记账"，即人们按照常情以非理性的方式来观察和评估交易。泰勒将奖金问题与这种他称之为"分离的钱包"的心理记账启发法联系起来。一旦将这种启发法应用到员工身上，你就会得到一些非常有趣的结论。

在其著作《胜利者的诅咒》一书中，泰勒探讨了奖金和意外收入。如果你每年发给雇员5万美元的工资，他会以5万美元的生活方式生活。但是，换过来，如果你改为每年付给他4万美元的工资，再加上每年1万美元的奖金，他将会以4万美元的生活方式生活，而将多出来的这1万美元用作其他特殊的事情，很可能是用于投资。换句话说，奖金会鼓励员工进行储蓄。泰勒的观点有很强的说服力。对我们来说，这确实是支持发放奖金的一个强有力的论点。我决定这么做，绝不仅是为了让员工更卖力地工作，而是作为老板，我把鼓励员工进行储蓄和投资看成自己的责任之一。

一位理财顾问告诉我们，他们公司有一套"成长分享"计划来为顾问提供奖金。每年会有一定比例的毛利润被存入一个账户，员工则根据一套评分制度分享这笔钱。他们之所以选择以毛利润作为奖金的基础而不是净利润，是为了保证即使公司在本年度没有盈利，顾问也能获得一笔额外的奖金。员工会因资历、客户保留率、对新业务的支持、新的任命或者是完成了继续教育课程而获得分数。每年，员工会凭借该年度取得的总分数而获得相应的奖金。

第5章 员　　工

　　一家著名的理财策划公司设计了两项奖金项目。第一项是所有员工都可以获得的福利，完全按照其供职年限进行计算，而不是以毛利润或净利润为基础。这份奖金会在12月的第一天发放，所以被称作"圣诞节奖励"。第二项绩效奖金则主要与个人的主观能动性挂钩。合伙人会根据该年的利润设定总的奖金额。员工每得到1点就能获得250美元的奖励，每位合伙人手上有1/3的绩效点。合伙人为在过去一年表现突出的员工派发绩效点。比如说，如果今年的奖金总额为9 000美元，那么每位合伙人就有12个绩效点可供派发。

　　奖金并不一定非得是现金。一家理财机构曾向他们的员工发放旅游礼券。这家理财机构委托当地的一家旅行社安排好了一切，每个员工都可以在一定预算范围内安排自己的旅游行程，公司将会替他们买单。

授　　权

　　一家理财机构的负责人这样描述他在授权方面的经验：

> 　　我曾要求顾问去调查一下有哪些可供选择的福利项目，可以帮助公司将他们更好地组织起来。我事先和他们谈妥了可以用于福利项目的资金总额，由他们自己来决定如何使用这笔钱。他们会在每周一次的职工会议上向所有人介绍取得的成果。我们还任命了职工委员会来设计投资政策和管理分红计划。
>
> 　　同制订业务及投资政策一样，我们设计了一套员工理念。这套理念的关键之处在于：向员工授权、热情工作的环境、对于错误的非指责态度和持续的教育。我们采用交叉培训和团队建设的方式来推进我们的理念。举例来说，去年员工自发地分成了多个小组，致力于对潜在客户和客户服务系统的研究，如宣传手册、信息收集问卷和评定文件等。在随后的一次公司员工会议上，每个小组向大家介绍了他们对改进或重新设计系统的建议。我们现在仍处于贯彻执行这些建议的过程之中。
>
> 　　我们的员工被赋予与他们的工作职责相称的头衔。更重要的是，他们被授予相应的权力去创造有利于客户的局面。员工还会受到专门的培训，学习为错误承担责任，即使那些并非由我们造成的错误。我们从来不与客户争论，或让他们对眼下的局面感觉不快。我们称这样的授权为诺德斯托姆权力（Nordstrom Authority）。
>
> 　　如果你曾去过旧金山，那你也可能逛过诺德斯托姆百货商店。这家商店因一流

的服务而享誉全美。记得有一次我在那里购物，买下了一套西服，后来发现需要换成小一号的。当我在那天晚些时候拿着西服去更换时，百货商店正好缺货。我告诉店员说，我第二天一大早就要离开旧金山回家了。在反复的道歉之后，这位女店员向我反复保证："不用担心，这个型号的西服会在今天晚上7点左右到货。我会在晚上7点30分之前将它送到您所在的宾馆。"结果，她确实做到了。她根本就不需要获得其他人的批准。

在我们的顾问刚开始使用其诺德斯托姆权力的时候，正好有个新客户抱怨，在一次基金转换中，一支本来应该替换的证券被清算，给这个客户造成了650美元的损失。尽管这个错误是转换公司造成的，但我们的顾问告诉客户："您绝对是对的，我立刻打电话让他们调整回来，不要担心。尽管转换出了问题，我仍会全力保证您的整体头寸。"当天下午，那位客户又打来电话致歉，说不好意思让顾问成了替罪羊。顾问告诉他，自己很感激他的电话，同时让客户无需介意。正是公司的政策在后面支持着客户与顾问。

除了通常的福利项目，我们还在公司中设立了一项个人及职业发展基金。员工每年可以将不超过1 000美元用于参加有助于其个人或职业发展的课程或研修班。在过去几年中，员工曾报名参加过戴尔·卡耐基协会的课程、伊夫林·伍德速读班、高级电脑课程、神经语言学项目班，以及专为行政助理和中层经理开办的各类研修班。

当然，我们还会为那些想要取得注册理财策划师证书的员工提供补助，这是直接与客户交往的员工必须具备的资格。有兴趣的员工需要自己支付第一次课程的费用，如果他们决定继续下去，我们将会为之支付剩下的课程和考试的费用，并在他们成功完成整个项目之后将他们第一次课程的开销返还给他们。

在一位理财顾问的建议下，我们正式设立了让员工参加专业会议的项目。大约两年前，我和一位理财顾问一起准备在某个理财机构管理研讨会上的发言，这位理财顾问告诉我说："如果能让我的同事们听到这些发言就好，这些天来我们正在考虑让一些初级员工参加类似的会议。他们一定会从中受益匪浅。"所以有一年，我们派了6名员工参加在奥兰多举行的嘉信理财研讨会。我们的公司经理和助理都被选送参加这次会议。他们刚开始表现出一些不安，认为这类研讨会对于他们来说有些高不可攀，感觉负担很重。后来他们发现自己错了。他们带着新的朋友关系和了不起的观念，从那次研讨会上满载而归。更重要的是，他们对自己的专业知识和专业水平有了全新的认识。

头衔与名片

一家理财机构的合伙人亲身体会到了头衔与名片的妙处：

"14岁那年，每天下午我在放学后会为一位室内设计师工作。这位设计师有一个2岁的女儿苏西，我的主要职责是照看她的女儿。在苏西睡着的时候，我还要把店里的橱窗打扫一下。我觉得这真是一件苦差事，我的老板甚至在苏西睡着的时候都不让我坐下来歇歇。但我还是很在乎这份工作，所以我打扫得很卖力。就这样过了几周，我的老板发给我一盒名片，名片上有她商店的名称，还印着我的名字和助理的头衔。她说：'你的工作干得很棒，所以你获得了提升。'虽然我的工资和工作职责并没有发生任何实质性改变，但我现在可以将这些宝贵的卡片放在靠近门的小银盘子上。我现在不单单是有了一份工作，还有了一份事业。从此以后，我不但把橱窗打扫干净，还主动细心、有创意地去摆放橱窗里的东西。特别是在比较小的组织中，头衔将会点燃人们心中的骄傲，给他们带来极强的自尊，当然，也会让他们的母亲激动不已。所以在我的公司里，每个人都有一个头衔，每个人都有一张名片，每个人都有一份事业。"

发掘潜力

一家理财机构的负责人告诉我，她的职责就是帮助员工将自己的潜力充分地发掘出来。为了实现这个目标，她专门设计了一套自我评估表，要求所有的员工在每年年初填写一份。这位负责人说，通过这一方式，她和她的合伙人对每一个员工及其潜力的发展有了深入的了解。他们借助自我评估表来指导员工未来一年的活动。从对问卷答案的分析中，你可能会发现员工对一些被你忽略的领域非常感兴趣。

举个例子说吧，这套问卷的头两道问题着眼于目标的设定，并根据这些目标检查员工的完成情况。

1. 你觉得你去年最显著的成就是什么？为什么这么认为？
2. 在未来一年中，你最希望完成的事情是什么？描述至少三件你计划完成的事情，尽可能具体。

　　负责人向我们透露，从这两个问题的答案中，她发现一位员工对与客户接触有着强烈的兴趣，并愿意花更多的时间在这上面，而不是做内勤工作。负责人告诉我们："坦白地说，我们当初聘用她是因为她出色的逻辑分析能力，我从来没想过她会对与客户沟通如此感兴趣。我们当然很乐意调整她的职责，给她新的机会。"

　　接下来的三个问题则让员工谈谈他们对自己所在岗位的看法，他们需要得到哪些资源和支持，以及负责人和她的合伙人应该怎样去评估员工的工作。

　　这位负责人告诉我们，来自某个员工的回答曾让自己大吃一惊。这位回答者在回答前首先感谢公司提供了这样一个机会。员工回答说，似乎当时公司是因为原本做这份工作的员工离开了才让他接替这份职务的。当时他被告知，只要公司聘请到新的员工，他就不用再从事这份工作了。可是新的员工陆续进入公司，公司却仍然没有安排人来接替他的工作。就这样又过了两年，他还在原来的岗位上。他说："我并没有接受过这方面的训练，我感觉自己没有把这份工作做到最好，我敢保证随便哪个人来做都会比我好很多。"当问他为什么不把这些事情告诉他的老板时，他说："他对工作是如何完成的丝毫不感兴趣，他只希望我们把事情完成。"不鼓励员工反馈而只是简单地要求他们把事情完成，这样的做法毫无效率。

　　问一下员工，他们需要得到哪些资源和支持才能更高效地完成工作，这一点至关重要。或许当你看到对下列两个问题的一些回复时，你也会大吃一惊。

3. 你需要得到哪些资源或支持，才能更加高效地处理好自己的工作？

4. 你认为在你完成工作的时候，应该得到上级什么样的以及多大程度上的支持？

　　负责人向我们展示了一份关于资源问题的答案清单。"我们的客户服务总监要用自己的信用卡去买礼物或者处理客户的紧急事件，她应该只有在金额超过500美元的情况下才需要得到授权；你应该允许我们的实习生使用附近的图书馆，这样他才能更自由地开展自己的研究，应该允许他设定自己的时间表，否则他每次来上班，只会发现自己在办公室里无所事事；在会议室里放一个小型人造瀑布，这样可以令我们的客户感到宽心，同时当我们遇到挫折时，它也可以成为一个良好的休憩所。"

接下来的四个问题有助于团队建设，有助于鼓励能力互补的人一起为某个项目工作。

5. 你认为哪三项技能/能力是你的强项？哪三项技能/能力是你的弱项？

6. 你将如何进一步发展你的强项？

7. 在你的工作中，哪些要素最有吸引力？

9. 哪些工作要素缺少吸引力？

这家理财机构的员工在回答第5个问题的时候谈到，他们觉得自己缺乏与客户进行良好沟通的能力。为了解决这个问题，负责人安排她的员工参加了一些改善沟通能力的研修班。

最后三个问题将帮助负责人对公司中每一个人的愿景和目标有所了解。

9. 请描述一下你工作的现实状况。（尽可能简短，指出要点即可）

10. 请描述一下你期望的工作状况。（尽可能简短，指出要点即可）

11. 请描述一下你未来五年的工作。

我们尤为喜欢最后一个问题。在一次例行的工作谈话中，一个员工告诉我们，她计划在未来两三年内退休。我们由此才完全明白，最近她为什么对自己的工作表现得缺乏精力和热情。她打算退休，所以工作得过且过。在了解了她的个人目标以后，我在未来一年里针对她的退休提前作好了安排。在这一年她非常热情地培训了自己的继任者。

"如果你无所追求，那必将一无所有。"这句话对理财机构中的所有人，无论是负责人还是普通员工，都同样适用。上述自我评估调查问卷中的11个问题能鼓励理财机构中的每一个人设定目标并评估自己的进展。

员工管理中的细节

营造舒适的环境

一位理财机构的合伙人不无得意地强调说,他们的自助餐福利项目在当地绝对是名列前茅。"我们的办公室餐厅被称为'美好房间',已经成为我们公司活动的中心。对于我们而言,它就像自己家里的壁炉一样亲切。我从来没有考虑过这个餐厅对每个人的影响,直到有一天信步进去喝咖啡,发现一些客户坐在餐桌前,与两名顾问一起分享笑话和苏打水。每个人都感觉像在家里一样,而这正是我们想要的。"

这家理财机构的"食物法宝"并非自己独创,而是源于对一家高科技公司的一次参观。在参观程序员楼层的时候,理财机构的合伙人注意到工作场所的各个地方都放着盛满新鲜水果和烧烤食品的小碟子。这家高科技公司的总裁告诉这位合伙人,他们每天上午供应这些食物以供员工一整天享用。她每周还会更换一次鲜花。程序员们反映说,这样的安排为他们提供了舒适的环境,促进了他们的思考和创造性的发挥。

这家理财机构汲取了这一经验并将之进一步拓展。理财机构并不是每天都放置同样的水果和糕点,而是由员工来决定下周预定什么食物。每天上午,公司所有人都围坐在大桌前共享咖啡、早点和维生素。是的,维生素。大概几年前,公司一位经理认为公司里伤风和流感的传染太过频繁,于是她就购买了一瓶维生素C,要求每个人每天服用1 000毫克。几周以后,公司所有人都感觉好了很多,而且很少有人再生病了。现在,公司经过精挑细选,为员工提供了多种维生素,并由这位经理监督大家服用。此外,公司每年还会提供一次免费的流感疫苗注射。

上午喝咖啡的时间经常会不知不觉地变成简短的非正式协调会,每个人都会讨论自己在接下来一天中计划开展的活动。员工们经常聚在"美好房间"里一起享用午餐。这里全天都备有糕点、水果、曲奇饼以及热饮和冷饮。公司还为每周的员工会议提供全套早餐，而且通常在星期五都会有比萨饼午宴。这样的环境既能促进员工之间的个人交流，也能推动业务讨论。

每逢员工生日和公司的周年庆典，大家就会借机聚到一起，一边喝咖啡一边聊天。办公室经理还会安排人挑选一些小礼物和卡片，并让每个人签上自己的名字。很多时候正巧碰到客户来访，他们也会加入到庆典中来。每个人都很喜欢这种特殊的关怀。

鼓励员工勇于承认错误

对理财机构的管理与家庭生活中的一些细节不无相似之处。比如，你的爱人在准备早餐，结果一不小心将面包烤焦了。你知道他（她）是无心的，因为没有人会早上醒来就说："我想我会把面包烤焦，这是无可避免的。"但是当你坐到餐桌前，准备享用你的早餐时，看着那已经被烤得黑糊糊的面包，你可能会说："你怎么这么笨，居然连面包都烤焦了。"或者"这个面包焦了，我不会吃了。"这个时候，你应该想到，他（她）已经知道面包被烤焦，谈及一些他（她）已经知道的事情于事无补。在你抱怨、指责之前，你的爱人可能已经为烤焦面包感到很难过了。一个知道如何处理问题的人这时候会说："你今天早晨一定很忙吧，我能替你做些什么吗？"

员工犯错时很少是故意为之。错误的产生通常有三个原因：我们的制度未能良好运转，有人做了糟糕的判断，或者有人不小心做了一些傻事。若你授权给员工去作判断，他们难免会有出错的时候。如果错误重复发生，那就是制度的问题。如果犯错者不过是因为一时糊涂，那也是可以原谅的，因为即使是我们当中最优秀的人也会一次又一次地做傻事。但是对于那些无可救药的愚蠢行为，你还是可以考虑和一些人解除雇佣关系，让他们去做一些更适合自己的事情。

我们的信条是处理问题，而不是指责别人。我们十分推崇一家理财机构的做法，为了鼓励员工承认错误，这家理财机构专门设计了"火鸡奖"。这只火鸡用金色细绳绑着，看起来又胖又傻。在每周五的会议上，他们会讨论这一周犯过的错误。犯下最愚蠢、最让人难以置信的错误的人将会获得那一周的火鸡奖。他将会收到这只火鸡"咯咯"的问候，并且在下一周中将这只呢绒火鸡放在自己的办公桌上。获奖原因包括领带被碎纸机绞碎、往自己的传真号码发传真、将两个名字相近的客户弄混淆，以及使用错误的投资政策去准备结算建议。尽管获奖原因数不胜数，但这家理财机构日益发现颁发火鸡奖是件越来越困难的事情。对所有的错误，机构负责人总是问自己："这是因为制度问题才发生的么？"如果真是这样，他们就会调整制度。

每个员工都应有权为了客户的利益而行动。这意味着，当发生错误交易的时候，我们要承担那些交易的成本；当我们犯下错误的时候，要寄送给客户一份表示歉意的小礼物；甚至在那些本不该由我们负责的情况下，我们也要接受客户的训斥。当我们的员工决定采取对客户有利的行动时，我们会支持他们及他们的决定。我们只是要求他们在遇到问题的时候及时通知我们一声。大部分情况下，员工们都会告之他们遇到了什么问题以及他们当时的处境。

一位理财顾问告诉我们，他们公司去年发生了一起重大的交易失误。他们的一个员工以为自己购买的是某个基金，可实际买的却是另外一个。直到两个月以后，这个错误才被交易商发现，这时候他们实际购买的这支基金已经亏损了整整13 000美元。"我们认为，我们应该立刻对这个错误承担责任。这位客户很可能永远也不会知道这个错误的存在。但是，我们一定会告诉他，并把错误纠正过来。这就意味着我们要赔偿这13 000美元。不管代价多么沉重，我们都会保持诚实。现在，我们又有了一位终身客户。"

心怀感激

前文一直在讲，作为雇主，我们要对自己的员工充满感激，并且懂得如何展示这点。我们同样应为员工相互表达感激之情创造机会。前文曾提到的那家设计"火鸡奖"的理财机构在这方面做得也很出色。与"火鸡奖"对应的是"明星奖"，奖品是一个用长带子挂着，装饰有彩色丝带的金色呢绒五角星。他们会在每周的会议上提名该周的每周之星,时间安排在宣布火鸡奖之后。曾经有一次,他们寄发了100封信件,却不小心忘记了贴邮票。后来,他们为那位追赶并拦下邮车的同事颁发了"明星奖"。其他获奖理由还包括修理订书机、义务加班、帮助同事收取重要邮件,以及因发现一位客户死亡证明书上的错误而让公司避免了很大的麻烦。"鸭嘴兽奖"则颁发给在一周内同时获得"明星奖"和"火鸡奖"的员工,这样的情况很少发生,但是确实有过。

我们特别喜欢一位理财顾问的感激策略。他在写字楼的熟食店买了一沓午餐代金券。他发给每个人10张价值5美元的代金券,让他们将这些代金券赠送给自己的同事,以表达感激之情。这位理财顾问提出的唯一要求是,每当员工送出一张代金券,都需要向公司的合伙人报告并解释原因。

员工考评

斯坦福管理学院的组织行为学教授杰弗里·菲佛曾经说过,很多业界人士都把年度员工考评比喻成"填写所得税申报表,这是一件所有人都不喜欢做的事情,但是你又不得不做"。这当然是必须完成的事情,但它也不必那么让人痛苦。在开展考评之前,我们单位的几位负责人会在一起比较彼此对每个职员的看法。通过这些讨论和我自己的观察,我简单地为每个人列出一份其优点和缺点的清单,以此作为考评基础。

我们还利用考评的机会来鼓励员工提出建议;基本上,他们把我们评价为领导者。这对我们来说很有帮助,而且我们也很乐意接受他们的想法。好几次当我们忘掉了考评,员工都会主动提醒我们。

我们的考评通常是以员工完成的自我评定为基础。下面是一些开展考评时必须考虑的事项:

- 保持考评结果的非公开化。
- 以员工为中心。不要将员工与其他人进行比较。
- 询问员工认为自己做得怎么样。他们对于自己的工作能够十分坦诚。
- 如果你有严肃的批评意见,请在一开始就提出。最后总是用积极的、鼓励的、催人向上的话来结尾。

- 让员工有机会就任何事展开开诚布公的讨论，但不要相互攻击。提醒员工不要在听了这些评论以后不了了之。
- 询问员工，在他们看来，你要怎么做才能成为一个更好的领导者。
- 对讨论进行记录，并写入员工档案。

点滴小事

无微不至地关怀员工，让他们学会用同样的方式去对待客户，这就是我们赢得利润的秘诀之一。比如，在尤为忙碌的一周之后为他们举办酒会，这样做总是能给他们带来惊喜；外出旅行时，为他们带回一些当地的纪念品，让他们知道我们即使在旅行时也惦记着他们。这样做能让我们赢得他们的好感。另外，还可以让干洗店的人每周到办公室来取走员工待洗的衣物，邀请员工的家人和朋友参加公司一年一度的野餐会，甚至还可以请当地的一些营养学家为那些对饮食健康感兴趣的员工提供咨询服务和健康饮食菜谱。

我们相信正是从点滴小事中可以反映公司在员工身上的用心程度。在我们公司，公司员工可以携家人或其他重要人士前来参加假日酒会，我们先选一家很著名的酒店举行晚宴，然后大家再到我家开始"新人秀"。在过去的5年里，我们招募到很多新的员工，因此每年的假日酒会上总是会有很多新面孔出现，有时甚至每个人都需要戴姓名牌。同事们认为我们必须打破戴姓名牌这一沉闷的形式，我们要来点小小的"入会仪式"，为此他专门设计了"新人秀"。每年的假日酒会上，新来的员工必须为大家表演，可以唱歌，也可以跳舞或是讲笑话，总之就是要把自己介绍给大家。这真是太有趣了，员工之间的关系也因此而亲密了许多。

所有这些点滴小事说明，我们把员工视为值得尊重的个体，给予他们支持和关注，而不仅仅是把他们当成雇员。他们也会通过对客户的细心关怀来展现对我们的支持。

辞退员工

本章的大部分内容讨论的是获得与留住优秀的员工，并促进良好的团队协作。但是，如果对辞退员工的事情闭口不谈的话，这一章就是不完整的。辞退员工真不是件容易的事。我们中的大部分人从没有接受过人力资源方面的专业训练。顾问不喜欢面对这一问题，我们希望每个人都会喜欢我们。如果说销售人员的天职是完成销售的话，那我们的天职就是让每一个人都喜欢我们。

默菲·布朗在做电视节目的10年间，至少开除过92名秘书，这些被开除的人有的性格古怪，有的能力不够，有的专横跋扈，有的性格过于内向，有的则是因为能力过高。这些原因看起来似乎太具戏剧性了，但是当这样的事情真正发生在你办公室门口时，你就不会觉得它们有什么可笑的了。

在多年的职业生涯中，我们制订了一些很苛刻但也很有效的雇用和辞退规定：

- **在面试之前写下职位描述，并想好工资范围，特别是最高工资是多少**。面试的时候你需要询问应聘者要求多高的工资。如果你们的期望值相差太大，那么你们中肯定有一个人的期望是不现实的。
- **不要因为一时冲动而雇用员工**。要对应聘者进行彻底全面的了解，查看他们的个人简历，并让他们参加多轮面试。公司的员工也应参与面试。优秀的人总是会非常谨慎地评估他们的工作机会。我们必须保证每个新员工都是合适的人选。
- **如果员工不能有效完成工作，就应尽早辞退他们**。不要期望事情会慢慢变好。一位理财顾问曾告诉我说："我们公司有一名员工就像毒丸一样，他实在是影响大家的士气，我们在6个月前就该把他辞退。现在总算把他开除了，大家也工作得更加愉快和有效率了。"
- **对员工进行记录**。记录那些私下的讨论、你对员工的观察以及来自他人的观察。你永远也不知道会在将来的什么时候用到这些记录。

- 如果有人辞职后又希望重新回到公司，不要答应他。公司的环境是动态变化的，即使他在离开前是这项工作的最佳人选，但并不意味着他现在还能胜任这项工作。
- 让那些发生冲突的员工在有限的时间内解决自己的矛盾。你也只能花有限的时间去调解他们之间的矛盾。如果所有的努力都失败的话，开除其中一人或两人一起开除。让这些有矛盾的员工勉强在一起工作会威胁到公司的发展。

… 第 6 章

团　　队

　　尽管拥有优秀的人才是企业成功的关键，但良好的人员结构也必不可少，它能为员工的个人成长和职业发展提供最好的环境。在管理学界，与人员结构相关的理论与实务技巧层出不穷，这给理财机构的经营管理提供了源源不断的灵感源泉。

　　20 世纪 80 年代初，质量圈团队的概念作为一种解决问题的技术开始得到推广。在质量圈活动中，所有人围坐成一圈，由辅导员将问题写在黑板上。每个人有 1 分钟的时间提出自己对问题的见解或解决方案。接下来参与者就开始讨论哪些建议最好，然后权衡这些建议的利弊，最终达成一致意见。质量圈活动让所有参与者深深意识到，若干个人凝聚成的团队有能力解决个人无法解决的问题，成功的团队活动能实现最大程度的协同效应。

　　从 20 世纪 90 年代初开始，企业界已经彻底意识到团队在工作中的作用。与相互联系却不团结的个人相比，那些协调一致、团结工作的个人能够更好地完成任务。我们始终坚定地认为，对高效团队的发展和运用正是理财机构取得成功的原因所在。

团队建设

　　伟大的团队不是一朝一夕就可以发展起来的。设计好团队结构后，你应该为员工创造足够多的机会，让他们认识到自己在团队中的角色，学会彼此信任，为了共同的目标而奋斗。我们称这一过程为团队建设。

　　下文给出的组织结构图，是全球理财机构比较普遍采取的组织模式。你会注意到，圆环之间存在相互交叠的部分，这说明某个服务团队中的某些员工可能也是其他团队中的一员。通过让某些团队成员参加其他团队的业务，可以达到促进公司内部沟通的目的。此外，每个团队中至少有一名成员接受过交叉培训，以便在必要时参与其他团队的工作。客户被置于图表的中央，这说明我们的一切活动都是为了客户，围绕客户而展开。公司的每一个人都很清楚，正是客户向我们支付薪水。因此，理财机构的工作职责分为三大块：管理、顾问和客户服务。

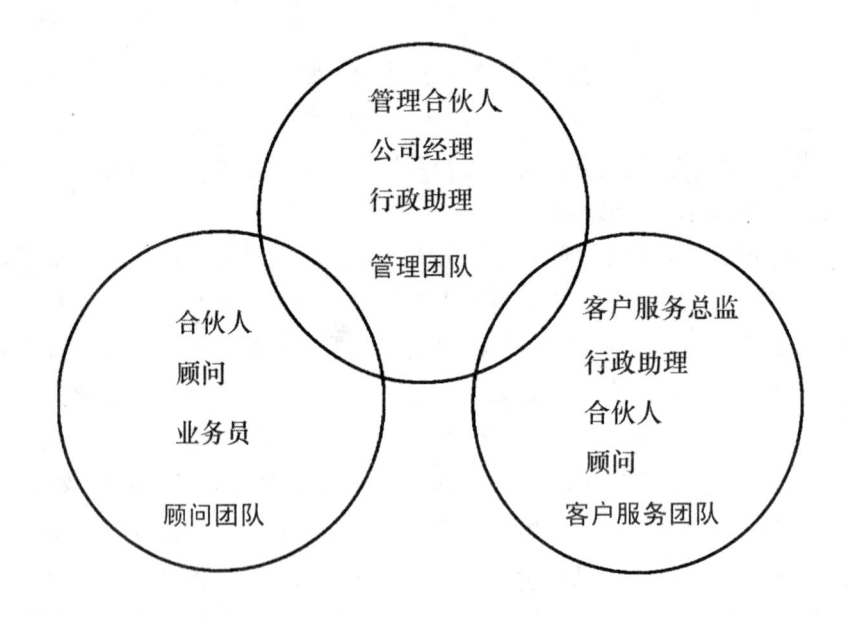

管理合伙人
公司经理
行政助理
管理团队

合伙人
顾问
业务员
顾问团队

客户服务总监
行政助理
合伙人
顾问
客户服务团队

管理团队

　　由管理合伙人、公司经理及管理合伙人的行政助理构成，管理团队要对一切与公司运营有关的活动负责。

　　● **管理合伙人**。管理合伙人的职责是监督所有的团队，保证提供一致的高质量服务，并与公司的使命陈述保持一致。

- **公司经理**。公司经理负责准备公司的账簿、支付工资、管理福利、向客户发送账单。同时还要管理公司、监督员工，并筹备每周的员工会议。闲暇时公司经理还要承担合规员的责任。
- **行政助理**。每个合伙人都有自己的行政助理，专门负责协调合伙人与客户及顾问之间的活动。除此之外，顾问团队也有团队的行政助理。

顾问团队

由合伙人、顾问和业务员组成。这个团队的主要职责是为客户策划并管理他们的投资。

- **合伙人**。尽管公司会为每个客户安排一名主管合伙人，但我们仍会告诉客户，只有顾问是固定不变的，客户还会见到别的合伙人。客户通常很喜欢这一安排，因为每个合伙人在与客户工作时都有一套独特的视角，能够展示出公司的知识深度。
- **顾问**。客户从首次预约时起，就被分配给一位顾问。这些顾问负责初始资料的收集，为客户的策划书作准备，然后与合伙人一起设计投资政策。公司的政策规定，所有计划书必须由两位以上的合伙人审核批准。这样做一方面是为了保证质量，另一方面也有助于另一位合伙人能从一开始就熟悉客户。
- **业务员**。业务总监和业务行政助理通过执行开户、转移资产、准备报告和交易等工作来为合伙人和顾问提供支持。尽管业务总监经手所有的交易，但交易的决策权仍然掌握在顾问和合伙人手里。

客户服务团队

尽管表面上公司的每个人都是客户服务团队中的一员，但实际上主要是合伙人、行政管理职员和主要从事客户服务工作的顾问为这块工作负责。

- **客户服务总监**。客户服务总监帮助我们巩固与客户之间的关系，同时协助行政助理开展一些与客户相关的工作。客户服务总监的工作职责还包括协调顾问委员会的工作、准备客户调查表，以及设计客户关怀项目。第8章将会详细介绍理财机构的客户服务工作。

- **行政助理**。公司所有的行政助理都是客户服务团队的一员，协助客户服务总监寄送票据、礼物，并追踪每个客户的数据。
- **合伙人**。合伙人根据每月的"关怀电话"清单，与不同客户进行电话交流和社交预约。
- **顾问**。顾问同样根据每个月的"关怀电话"清单与客户进行联系。

公司众多的个人和家庭活动、年度研讨会以及每日工作量分配等，都有助于我们的团队建设。私人时间里的交流促进了相互间的友谊，让我们彼此尊重。不同团队的成员常常会在下班后或者周末共度时光。公司良好的环境能帮助我们打造出一支优秀的团队。

团队的成功取决于以下五个条件：

- **共同的目标**。我们希望个人、客户和理财机构三者都取得成功。
- **信任和支持**。我们彼此信任、互相支持，我们信任雇主和客户，愿意为他们提供帮助。
- **共同的价值观**。有道德的诚实的人只愿意与有道德的诚实的人一起工作。
- **看待问题的角度**。我们不会过于严肃地对待工作。我们可以带着微笑去面对自己犯下的错误，为之道歉，并从中汲取经验教训。
- **平衡**。在工作之外享受生活。

尽管公司的年度研讨会每年都会围绕不同的论题展开，但每次的议程都会包含至少一项团队建设活动。本章的结尾部分将会探讨研讨会的问题。

交叉培训

要想让员工变得精明强干、博闻广识且灵活机警，就必须对他们进行交叉培训。每个人都整理和写出自己的职责描述，并编制一份清单，说明自己都有哪些紧急和重要的事情需要完成。只要有指导方针和清单目录即可，无需详细的指示。在这方面，一家理财机构的做法值得我们借鉴。这家理财机构将所有的清单复印件都保存在一本他们称之为 HELP（Having Everything Like Perfect，让一切近乎完美）的笔记簿中。除了这些书面材料之外，每个员工还需要至少培训一位他认为能够在紧急情况下代替他完成工作的人。一旦某人有事不在或者请假离开，该理财机构便借机让每个员工在这一天从事不同的工作，达到实践的目的。

公开管理

作为一种全新的办公结构，公开管理在美国取得了迅速的发展，这要归功于约翰·凯斯所著的《公开管理：即将到来的革命》一书。约翰是享誉全美的企业管理专家，曾担任《公司》杂志的主编。

这种管理方式有三个基本要点。第一，每个员工要学会理解公司的财务报表。你应将账簿拿给每个员工看，并提供现金流和资产净值等方面的培训课程。这意味着员工将知道每个人的工资信息，包括你的。你要将这些数字贴在墙上，并确保电脑里也有备份，然后你需要和员工一起反复查看这些信息以了解公司现状。

第二，每个员工要理解自己的工作成果与公司的盈亏息息相关，认识到错误的决策将意味着利润的减少。你要向从顾问到档案秘书在内的每个人解释清楚，他们对公司的贡献是多么有价值。他们也需要知道自己的价值是多少。他们的时间有多少价值？他们准备一份报告要花费多少？如果他们能做得更快一些会怎么样？要让他们知道公司是否在赢利以及原因何在。这样一来，员工的责任就是将财务数字向着正确的方向推进。实际上，每个人都在致力于帮助企业赢利。

第三，所有的决策，包括是否升级计算机系统，购置新的办公设备或聘请新的员工，都应提出来进行讨论并通过投票的方式作出决定。员工被授予更多权利，他们不仅要考虑如何提高自己的业绩，还要参与制订重要的公司决策。最后，每个人都应参与分红，包括决定分红的时间和方式。

有些理财机构将财务公开管理看作最有效的模式。我认为我们的公司已经与员工建立了相当公开的沟通，但在财务公开方面我仍会有所保留。一旦决策失误，主动减薪的是我们负责人，而不是员工。如果公开管理中，员工制订出来的决策有错，难道他们会用自己的薪水弥补损失么？我可不这么认为。

一家理财机构从1995年开业至今一直在使用财务公开管理模式。这家理财机构的合伙人谈道，在财务公开管理下，他的员工绝对忠诚。"他们能对公司的决策有一定程度的影响。他们期待着能得到一些好处，比如成为股东，得到奖金，参与养老金和分红计划，以及获得有竞争力的薪水。因为他们感觉自己像业主一样，并和业主工作同样长的时间，所以他们期待着能享受回报与承担损失。"

无独有偶，另一家理财机构对财务公开管理模式也情有独钟，这家理财机构的合伙人对这一模式有类似的积极评价："由于公开管理，我感觉自己好像有12名合伙人。我的员工们感觉他们对公司业务有了更大的控制权。一旦我们与某个客户的关系出现问题，他们就会对照收入来评估这一关系，并决定这段关系是否值得维持下去。"然而，这位合伙人也坦诚地指出了公开管理模式的缺陷："唯一美中不足的是，要想作出一个决定可能得开很多次会议来讨论。"但他又补充道："我们正在逐步改进这一问题。"

财务公开管理虽然有许多优点，但我们始终认为有些工作（如财务决策权分享）只能让那些承担盈亏的人去做。我们有办法既向员工授权并鼓励他们成为"心理上的所有者"，又不让他们对我们所做的任何事情有完全的控制权。如果你也对彻底的公开管理感到不适应，你或许可以采取一些折衷的方案，比如让员工参与到诸如奖金分配、公司养老金投资计划或者购买新的办公设备这类讨论中来。

员工手册

编写员工手册将会让你对理财机构当前的运营情况有更加透彻的了解，并帮助你构建新的结构和程序，引领你的公司更上一层楼。比如说，在编写员工手册的时候，你可以决定实行弹性工作制，好让那些为人父母或路途遥远的员工更加方便。这项决定曾帮助一家理财机构吸引到一位有孩子的女员工，她后来为这家理财机构的发展做出了重要贡献。如果没有弹性工作制，当时她可能根本无法接受这个职位。

员工手册无需复杂，你可以只是简单地罗列出公司的福利、假期、病假以及工作时间政策。比如，一家理财机构规定的正常工作时间是每天7.5个小时，每个员工可以在上午8:30~10:30之间自由选择上班时间。中午有45分钟的带薪午餐时间。根据这一规定，该理财机构的工作时间通常从每天上午8点30分一直持续到下午6点。这种富有弹性的时间安排让那些有小孩的员工能早点去接他们的小孩回家，或是让那些离家较远的员工避开车多路堵的时段。再如，另一家理财机构的工作时间是从上午8点30分一直到下午5点，但他们每周只有4个全天工作日，周五下午不上班。

公司研讨会

举办研讨会的最佳原因之一在于，研讨会能保证你、你的合伙人和你的员工将精力集中在同一个目标上。它同样也是设计或修改使命陈述、核心价值和员工手册的绝好机会。你也可以借机开展一些能帮助你的企业变得更加系统化和高效率的活动。

研讨会蕴藏着独特的能量。注意，研讨会期间雇主和雇员不要像平时那样界线分明。每个人都要带着自己的个性和能力融入到这个团队之中。每个人的想法都很重要。活动内容以鼓励员工改变为主，而不是强迫改变。每场研讨会都应有不同的主题，但是每年要重复一些特定的活动，好将一些不错的经验继续传承下去。

破冰仪式

研讨会的开场活动通常是让员工更多地谈论自己，好让他们放松下来，轻松地参与当天的各项活动。比如，可以让每个人拿起纸和笔完成如下句子："我有一件别人不知道的事情，那就是……"然后让员工将答案纸都折起来，放进一个容器里，再随机抽取一些回答读给大家听。每个人都努力猜测这些答案是谁写的。一位理财顾问事后告诉我，她感到很惊讶，自己对一些已共事多年的人竟知之甚少。

泄愤活动

研讨会上还可以进行一项称之为"怒气易可贴"的活动。在这项活动中，每个人手中会有一本可粘贴的便笺本，并有5分钟的时间来完成如下短句："那件几乎让我发疯的事情是……"每个人在规定时间内写下尽可能多的便笺条，等我们都完成以后，就将它们粘贴在墙壁上。趁大家休息的空档，我们把这些小纸条按照主题重新组织起来。然后，我们大声地朗读这些便笺条，并且找出有没有固定的不满模式。接下来我们提出解决办法，并努力达成共识。非常重要的是，要在一开始的时候就提醒所有人，共识并不等于完全一致，它只不过是大体上的意见统一。所有的便笺条都是匿名的，所以员工在说出他们的不满时不会感到不自在。有一年，我们在大多数人的提议下，专门为电话系统装设了语音信箱。但无可否认的是，语言作箱并没有起多大的作用。

团队建设

在有一年的研讨会上，比尔·塔格特博士的个人风格量表给我们带来了很大帮助。这是一套由他开发设计用于测定个人偏好的系统。这套用于测定工作风格的调查表在第4章已经介绍过了。塔格特博士依照工作风格将人们分为直觉型和理性型。

按照塔格特的说法，直觉型的人富于创造力但容易冲动，理性型的人则天生擅长规划和计算。

一旦明确了自己的个人工作风格偏好，我们就能更好地以团队方式开展工作。我们知道应该让哪些人去统领大局，从更加广阔的层面制订计划，又有哪些人是目标导向和任务导向的，不需要有全局观。在分派新的工作时，要充分考虑员工的不同工作风格。这项测验同样有助于我们理解他人对同一问题的不同看法，以及对工作的轻重缓急的不同判断。

在一次研讨会上，我们学习了一个经典的哈佛商学院案例：《苏汀斯医院》。哈佛商学院率先使用案例教学法，并将其作为 MBA 项目的一部分，这使得学生能够知行合一，学以致用。所有案例都是真实的，主要侧重于在某些情境下组织如何制订某项决策，而学生必须分析可供选择的方案并为这个组织提供建议。

苏汀斯是加拿大的一家医院，专攻疝气的外科手术。该医院仅受理那些只需要疝气手术而在其他方面都很健康的病人。这家医院曾为其百分之百的手术成功率及其百分之百的病人满意率深感自豪，但是现在他们开始考虑要不要进行扩张。可供选择的办法之一是提供其他类型的手术，这意味着他们要冒客户满意度纪录被打破的风险。他们也可以受理那些既需要做疝气手术，同时身体又不那么健康的病人，但这同样有成功率纪录被打破的风险。

我们要做的是对苏汀斯的成长战略进行分组讨论并制订计划书。我们公司的每个人都参与了这个案例，各自献策献议。苏汀斯案例给我们展示了一幅清晰的画面，告诉我们应该怎么做才能管理好公司的成长，以及我们为什么要这么做。在这个案例的启发下，我们开始讨论自己公司的成长，以及如何提供更加高品质，更加细致的客户关怀。

最近几年我们一直将重心放在团队建设上，并在研讨会上有意识地使用了迈尔斯·布里格斯性格量表。迈尔斯·布里格斯量表是一套专门用于测定性格特点的评估调查表。该量表根据回答将所有人分为 4 种基本的性格类型（在第 3 章中有简要介绍）。这一过程不仅能帮助我们理解自己，也能帮助我们理解自己的工作团队的构成。一个更加长远的好处在于，我们的员工将学会如何识别客户的性格特点，并帮助我们更加愉快地与客户一起工作。比如，员工发现，那些外向型的客户与内向型的客户相比，可能会更加频繁地询问我们的意见。

角色扮演

角色扮演能够明显增进员工对他人价值的认识。比如，某个角色扮演案例以一对即将退休的夫妇为主角。参加者要伴随这对虚构出来的夫妇，经历从潜在客户阶段一直到建立起持续稳定的客户关系的整个过程。所有人都要扮演一个不同于现实的角色。合伙人和公司经理扮演这对夫妇，一位顾问和运营总监一起组成了顾问小组，设计计划书并提供建议。管理团队中的一些员工承担起了顾问团队的职能，包括开设账户、交易和准备报告。然后，所有参与人员又重新组成一个群体，就如何变得更加高效和更加以服务为导向提出意见。最后每一个参与人员都带着感激之情结束了这次经历，他们意识到每个人的职责对整个公司来说是多么重要，同时也获得了对自我价值的全新认识。

共享愿景

共享愿景（见下面的附表）这项活动旨在鼓励员工们思考长期计划。在没有任何引导的情况下，全体公司员工一起讨论公司的未来计划，并努力从员工角度指出公司的优缺点。

共享愿景问卷

填写说明：请如实填写，你不会受到任何处罚。如果匿名填写能让你感觉更加放心，你可以不写自己的名字。这次活动旨在帮助我们对你的工作状况更加了解。请在研讨会的上午分会上递交填写完毕的问卷。

1. 公司是做什么的？
2. 你在组织中的职责是什么？
3. 你认为这是一个重要的职责吗？如果你所在的职位被取消了，将会产生什么影响？
4. 如果这家公司以每年10%的速度成长，则必须实施哪些变革（可以从员工、硬件设施和体制的角度展开陈述）？如果是以25%的速度、50%的速度成长呢？
5. 如果这是你的公司，你会立即实施哪些变革？
6. 完成下面这个句子：如果我＿＿＿＿＿＿＿＿，我的工作将会变得好很多。
7. 如果必须用一个词来指出这家公司的问题所在，那这个词就是＿＿＿＿＿＿＿。
8. 如果必须用一个词来描述作为这家公司一员的感受，那就是＿＿＿＿＿＿＿。

研讨会辅导员

辅导员能为研讨会带来观点、创新、构架和深度。通常将会议议程划分为有辅导员参与的和没有辅导员参与的两大部分,这样就有时间去领会和思考辅导员带来的成果。

某个理财机构的负责人曾聘请一位产业心理学家来辅导他们公司的第一次研讨会。这位负责人称赞道:"我们正在经历高速的成长,所以急需帮助。这次研讨会完全让每个员工都发生了转变。"这位心理学家带领他们开展了一系列的活动,帮助他们明确自己的优点和缺点所在。他们的第一个练习是生存。所有人被告知他们的飞机坠落在亚马逊,他们需要在原始丛林中求得生存。刚开始,心理学家让他们单枪匹马地解决问题,接着又让他们组成团队再试一次。通过这个练习,他们开始意识到团结的力量,同时还观察了团队中其他同事所扮演的角色。

自由联想

研讨会上可以经常开展一项我称之为"自由联想"的活动。某个人提出一个问题,所有参与者在房间里走来走去,把听到这个问题后的第一个念头说出来。很多时候我们能得到一些绝妙的见解。比如,有人问了这样一个问题:"如果你是我的客户,你为什么要付钱给我?"有位参与者回答道:"我付钱给你,让你替我担惊受怕。"我们已经在与客户的交谈中多次用到这句话,都收到了很好的效果。

另外一个问题是"客户是什么"。在我们得到的答案中有这样一条:"客户就是我们的家人。"自由联想活动帮助所有人改变了对我们的工作、彼此间的关系以及客户关系的认识。在重新开始工作后,我们发现自己都充满了新的热情。

制订行动方针

在研讨会的最后，可以为未来的一年制订一套行动方针，确定来年要采取哪些新的举措。比如，可以写下公司的目标，为什么要完成这些目标，怎么去完成，以及为了达到目标将采取哪些具体行动。后文给出了一份行动计划表样本。

行动计划表样本

目标：改善服务及客户关系

原因：市场变化无常

行动：1. 更加频繁的关怀电话
  2. 定制设计的生日卡片
  3. 及时而精确的报告
  4. 凡事干脆利落
  5. 调查研究：正确地做事，不仅是做正确的事
  6. 考虑客户的家人
  7. 准备详细的客户档案
  8. 成立客户顾问委员会
  9. 建立客户照片墙
  10. 提供免费的茶点

方式：设计新的数据库来处理客户的个人信息。添加任务处理程序，方便我们建立定期的电话、传真和电子邮件联系，并能更加方便快捷地收到反馈。

设计第一场研讨会

如果你以前没有参加过任何研讨会，没关系，很多策划师都没有参加过。你可能希望亲自设计第一次的研讨会。对所有策划师来说，本章稍后给出的"企业目标"清单是一个很棒的起点。另外，市面上也有很多关于

团队建设和研讨会活动的书籍，你可以阅读一下，让自己的节目更加个性化。

如果你不太适应独立完成研讨会设计的话，你也可以与当地院校或大学的商学院联系，以获得一些创意或辅导。你还可以请教同行业中已经召开过研讨会的企业。下面给出了一份研讨会议程样本，供读者参考。

企业目标

1. 这家企业的导向是什么？
   - 企业的成长。
   - 变更报告格式，使其看起来更具吸引力，而且准备时间更短。
   - 更亲密的接触。

   应该怎样管理工作流程？回顾助理顾问的工作。

   - 营销：企业通讯及客户沟通。
   - 依靠数据库为客户带来价值：全新的数据库。
   - 更多的当地活动。
   - 你喜欢做什么？务必打破成规。
   - 工作操作手册。
   - 你希望在未来一年实现什么目标？

2. 明确执行过程中的困难所在，并提出解决办案，即要怎样做，什么时候做才能扭转局面。
   - 以可观察、可测量的方式说明现状。
   - 从行为的角度说明你的预期。

   困难只发生在预期与实际不符的时候。

3. 明确在现有硬件条件下存在哪些困难，而通过对硬件条件的改善能得到哪些预期的结果。
   - 以可观察、可测量的方式说明现状。
   - 从行为的角度说明你的预期。
   - 说明如何改善硬件条件才能得到想要的结果。

研讨会议程样本

上午8:30~8:45　开场白

顺势进入下一环节,简单地说明我们为什么要来到这里及我们希望完成哪些任务。

上午8:45~9:15　破冰仪式

通过回答下面这些问题认识你自己,认识其他所有人:

如果有来生,我希望自己是_____。

我最喜欢的_____是_____。

我最理想的居住地是_____。

一件与我相关却不为人知的事情是_____。

我们会将答题纸对折起来,把它们放进一个袋子里,再轮流将这些答题纸抽取出来,朗读上面的答案,然后让大家猜猜回答者是谁。

上午9:15~9:30　休息

上午9:30~11:30　案例学习

让员工把自己当成客户和高级策划师去展开思考。

从客户/高级策划师的角度来看,哪些东西是重要的。

当我们需要为客户效劳时,谁都在什么时候做了什么。组织中的每个成员将扮演完全不同的角色,探索自己与客户之间的关系。可以假设以下三个不同的场景:初次见面与收集信息,递交策划书,总结会。

初次见面与收集信息

递交策划书

召开总结会

上午11:30~12:00　行动举措

案例评论。我们能够从中汲取哪些经验教训,并将它们运用到业务中以改进与客户的互动。

中午12:00~1:00　午餐

下午1:00~1:30　"怒气易可贴"

"那件简直让我发疯的事情是……"每个人会有5分钟的时间将他们日常遇到的不快和烦恼写在易可贴上,并将之张贴到墙上。然后我们会环绕房间一圈,朗读它们,并就哪些是"让我们发疯的事情"达成共识。我们希望所有怒气的导火索都可以切断，并让每个人都意识到不能将自己的不满转移到他人身上。毕竟，每个人都有自己的烦恼和不如意。

下午1：30～3：00　团队建设

我们应该进行哪些调整，才能使我们的内部沟通更加出色？

下午3：00～3：15　休息

下午3：15～4：30　头脑风暴

标准化与定制化。我们应该怎样做才能在提高效率的同时又不影响与客户的"亲密接触"？

下午4：30～5：00　未来一年的理财机构/个人目标

在下一年里，你希望个人和理财机构都能完成哪些目标？

组织结构与战略

制订组织结构图有助于公司里的每一个人理解每个成员的责任、贡献及价值。它还能帮助你将工作流程形象化，并概括出团队的职能与分工。研讨会是反复调整组织结构图的大好机会，你可以邀请每一个员工都参与其中。

很多理财机构尚未召开过研讨会。一些人给出的理由是，他们不过是一家小公司，还不是考虑这件事情的时候。虽然本章最后给出的研讨会议程较为正式，但你也可以选择其他形式。只要你的组织中还有他人和你一起工作，你就可以挑选一个下午到某个清静的地方和他们谈谈天，为公司的未来献策献计，这是一种很明智的做法。不管你的公司是大是小，这样的交谈都会让你和你的公司受益匪浅。

第三部分　客户的管理

　　各国的理财顾问普遍达成的一项共识是,吸引并留住优质客户是很大的挑战。这个问题让不少人头疼不已。这部分主要关注于如何理解客户的需求,以及如何通过优质的服务和持续的沟通来管理客户的预期,增加客户的实际价值并赢得客户的信任。

第 7 章

赢取、剔除和拒绝客户

有时我们没有认识到或者不愿意认识这样一个显而易见的事实，那就是我们的客户群中包含着一些不合适的客户。这个问题将会降低理财机构的成长能力。有报道指出，人们对客户的看法正发生着根本性的改变。要不计代价地为客户服务吗？不。研究表明，获取一个新客户的成本是维持一个老客户的 10 倍。但是有 50% 的现有关系并不能带来利润。要解决这个问题，通常需要将那些不合适的客户剔除。

有一天，一位理财顾问遇到了一件让人很不愉快的事情。他最难缠的客户事先没有通知就径直来到他的办公室，为了最近的市场表现大吵大闹。这位顾问对这个客户一直充满耐心，但客户看起来老是不讲道理，经常忽然间暴跳如雷。在他们建立关系之初，这个客户就曾因转账的延迟大发雷霆。他还总是失约，却在约见时间过了几天以后不约而至。在这次争吵之后，理财顾问满怀疑惑地走进他合伙人的办公室，明显受到了很大的触动。理财顾问说："对这个家伙，我到底该怎么办才好？"他的合伙人说："正是你的所作所为把这个客户培养成这样，你已经让这个家伙养成了对你态度恶劣的习惯。你如果像对小孩子那样惯着他，就会惯得他像小孩子一样胡闹。他刚才这样，简直就是在耍小孩子脾气。"

曾有朋友告诉我，明智的投资者会每天更换他的投资组合。这样的道理同样适用于客户群。为什么要将时间、资源和金钱投入到一段明显不会有成效的关系上呢？在我们职业生涯中的某些时候，我们会发现剔除某个客户势在必行。在与很多理财顾问交谈后，我可以很肯定地说，我们当中的大部分人都在竭力忍受一些不该承受的东西，直到忍无可忍才开始叫苦不迭。我们总是在受够了以后，才意识到是该结束的时候了。

我曾经问过30位顶尖的顾问，在他们看来，在什么情况下有必要剔除客户。每个顾问都告诉我，如果有谁对他们的员工不尊重的话，他们会立即中断与这个客户之间的关系。这是很简单的情况。但我们所有人也都承认，多年来，我们一直在容忍一些我们压根就不该接手的客户。一位理财顾问曾指出，他正考虑剔除一位客户："我发现自己根本就不喜欢为他工作，他还很可能会为我惹来一场官司。很多时候，你没有发现客户关系中出现的恶性发展。随着时间的流逝，你将不得不对之采取措施。"当然，我们中的大部分人还没有勇气在理财机构成立之初就这么做。显然，拥有剔除客户的能力，也是成熟企业的特点之一。

拥有剔除客户的能力的确会给你很大的自由。如果一段客户关系无法顺利发展，你可以选择是终止它，还是尽力挽救它。有时候选择会非常困难。下面是一些"问题关系"的早期预兆：

- 每次你接到这个客户的电话时都会情绪低落。
- 每次他为审查而来，你都巴不得取消约见。
- 下面这种情况发生的频率在增加：你的员工跑到你的办公室向你抱怨，他又接到客户的讨厌电话了。
- 每次与他会面，你发现自己总是在同样的问题上翻来覆去。
- 与他的会面结束后，你都有一种想用自己的拳头或脑袋撞墙的冲动。

一位理财顾问说，她和她的合伙人曾为客户设定了"激战因子"，衡量的标准包括这个人有多难缠或讨厌，这个客户是否经常为同一个问题打来电话等。激战因子的数值越高，对这个客户的收费可能就越多，要不然就放弃这个客户。这位顾问解释说，她不想为那些对金钱的态度不恰当的人工作，譬如那些具有破坏性、欺诈性或是很贪婪的人。她觉得，她和她的客户应该持有相同的价值观，才能使工作更具建设性。

在真正决定放弃某个客户前，有几个问题需要考虑：

- 你是否真的愿意为这个人工作？比如，前面提到的那位理财顾问，她的脾气就是"不能容忍错误"，如果她对一段关系感觉不好，这段关系就必须结束。

- 你的客户是否老对一些无意义的事情怀有不切实际的期望？如果长期这么耗下去，你的付出将远远大于回报。

- 保持这段关系是否妨碍了你花更多时间在其他客户身上？正如一位理财顾问所说的："时间总共就这么多，我要么把时间花在让这个家伙舒服上，要么把时间花在为几个已经舒服了的客户提供持续的服务上。"

- 你有能力或者愿意用幽默淡化不利情境吗？一位理财顾问接到一个客户打来的电话。在国内证券市场又创新高的时候，这个客户对自己从多元化投资组合中获得的一般回报感到很不满。他大声对理财顾问咆哮道："我当时真应该把钱放在鞋盒子里面，那也会比现在好。"当天下午，这位顾问来到这个客户的办公室，胳膊下夹着一个大鞋盒。他问他的客户："你看这个合适吗？"客户立刻大笑起来，然后理财顾问就开始和他谈论目光不能过于短浅的问题。

- 这段关系已经破裂了吗？有时那些看起来很好的关系正在开始恶化。一位理财顾问称，如果客户不再积极提供信息，或是出现价值观差异，即当客户不再拥有与自己相同的见解时，他就会考虑解除这段关系。

- 如果关系出现裂痕，是否有办法控制它或者有什么更经济的选择？与客户之间的冲突通常是一波未平，一波又起。你要在头脑中想清楚，这段关系是怎样破裂的，为什么会破裂，这将对你很有帮助。有位理财顾问则谈到，他绝不会接受客户的讨价还价。如果客户对价格有异议，他会把收费退还给客户，然后拒绝这份合约。

不久以前，一位理财顾问和他的合伙人决定终止与其最大的同时也是最难缠的两个客户之间的关系。"发生这样的破裂确实很糟糕，但是一旦这样做了，你就会有如释重负的感觉。这么做的难点在于，你要确保自己能用其他一些更有价值的关系来代替那些客户关系。"

如何开口

如果在仔细检查了客户清单后确定需要放弃一位客户，那么你应该如何开口呢？一家理财机构的合伙人说，他会用医疗业里的一些方式来给客户暗示。比如，某位家庭成员在经过长期治疗之后仍然重病不起，医护人员就会将家属叫到办公室，告诉他们："我们实在是不能继续满足贝先生的需求了。"这也正是这位合伙人对那些不合适的客户说的话。

在我们公司里，我们会将与客户的所有谈话进行详细记录。一旦客户关系出现裂痕，我们可以反复查阅这些记录，以便找出原因所在。员工是这个决策中非常重要的一部分，因为他们通常会比合伙人承受更多的谩骂。

我们比较诚实直率。我们只是告诉客户，这段关系出了问题，我们认为自己无法再为他们提供帮助了。我们在说完这些后，通常会从记录中援引一些事例。我们尽量不通过电话方式，而是与客户当面讨论。接下来我们会建议客户去其他地方寻求服务，并为客户提供一份更适合他的顾问的名单。

对于那些看起来不愿意接受建议的客户，我们会在审时度势后指出，如果他们只想按照自己的想法投资，那么他们就没有必要再花钱请顾问了。我们会建议这类客户找一位贴现经纪人。

我认识的一位理财顾问每年会从财务和压力两个方面检查他所有的客户关系，评价每个方面是积极的还是消极的。如果两个方面都是消极的，他就会想办法剔除这些客户。他认为，关键是如何在不触怒客户的情况下剔除客户。他认为大多数顾问都紧握着一些早该放手的客户关系不放："这就好比是一段糟糕的婚姻，我们对那些未知的事情太过小心谨慎，不敢轻举妄动，直到最后不能再熟视无睹时才采取行动。"他认为，98%的麻烦是由2%的客户带来的。

下面的建议来自一些经验丰富的从业者，能帮助你断绝这2%的客户关系：

- 你可以说："您真的不再需要我了，您完全能自己处理好这些事情。"语气要肯定，有的时候真的要那么一点推力，才能将他们推出庇护所。
- 或者说："对这段关系我已经无能为力了。"
- 告诉客户，双方之间无法顺利沟通。接着作出解释："我真的认为我已经无法继续为您支付的酬金创造价值了。"
- 让你的话听起来像是客户放弃了你们公司。比如可以说："我们恐怕无法满足您的要求。"
- 在一些情况下有必要"放慢脚步"，关注那些濒危的客户关系，然后建议他们要么与本公司的另一位顾问一起工作，要么就离开。
- 一位理财顾问建议："你要计划好如何让他们辞退你。但另一方面，即使你以后再也不会与他们合作，你也要努力与他们保持良好的关系。我当然不会四处宣扬他们的事情，如果他们是比较难对付的问题客户，这点就更加重要了。谁都不希望自己的私事被到处宣扬吧。"

客户主动离去

到目前为止，本章一直在讲你如何剔除某个客户。但是如果客户想解雇你，你又该怎么办呢？两年前，一位理财顾问打电话给我，说："我刚才失去了一位客户，我对此非常难过。回顾与他合作的三年，我所做的每一件事情都很妥当。当他离开的时候，他告诉我，他只是想亲自处理理财事宜，可是我仍然在想，我到底做错了什么？"我们都曾失去过客户，而且当一段关系破裂时，我们也经常反思自己的错误。遇到这种情况，你应该问自己："这是客户在财务方面的原因，还是我们的控制出了问题？"

如果你失去了一位你想留住的客户，那么只可能有两种原因：要么是你当初本来可以控制好这段关系，要么是你当初本来就没办法控制它。让你感到苦闷的是那些你本来可以控制好的关系，但是过去的就让它过去吧。当然，将理财机构制度化能帮助你留住客户。然而，不管你多么努力，有时候总会有一些令人失望的客户。什么样的问题都有可能发生在这类客户身上，这不是你能处理得了的。

另一方面，失去客户也有可能是理财机构经营良好的证明。这可能意味着理财机构有明确的定位，所以不太适合某些人。甚至可以说，如果你从没有失去过一个客户，那你就会失去自我。对有的客户而言，当你把所有能做的事情都做完了，你们的关系也就走到了终点。永恒不变的关系对双方来说都不现实，但是在很多时候我们都不愿意承认这一点。

哈里·贝克威思在《服务行销新视野》一书中谈到，当某项服务失败时，每个人都将责任归咎于他人。"我们绝少将产品的失败归咎于他人。但我们所使用的服务经常是由那些和我们见过面或者至少交谈过的人提供的。一旦这些人未能实现他们的承诺，我们经常会将错误归咎于他们。我们会问：'他怎么能这样对我？'"

我曾与国外许多我最景仰的资深顾问交谈过，让人感到安慰的是，他们都亲口承认自己也曾失去过一些他们非常想挽留的客户。这是多么发人深省啊！即使是最好的顾问也会失去客户。这个行业是高度私人化的，如果你曾对某段客户关系满心欢喜，当客户最后离你而去的时候，你受到的伤害确实不能小视。我曾经努力劝说客户打消离开的念头。我现在还清楚地记得我与一位客户的女儿的谈话，她当时打电话告诉我说，她妈妈将把账户转移到这个城市的另外一家公司去。我向她表示了我的顾虑，我认为她妈妈需要得到大量帮助和关心，这是她在另一家公司得不到的。我谈到了我与她母亲长达数年的私人关系，包括她父亲去世时那段糟糕的日子。这个女儿说："我已经找到了一个人，他能以很低的风险为妈妈带来15%的回报率。你能做到吗？"坦白地说，我不能，我也不相信其他任何人能做到。那次谈话教育了我，某个客户决定更换顾问并不一定是我的失误造成的。我还认识到，有时候客户会比你成长得快。尽管客户在自己面临挑战的时期需要你的关心和照料，但也会迎来自立的时候。

如今假如某个客户想要离开我，我再也不会苦口婆心地劝他留下了。我已经认识到客户向我亲口说出这些话是多么困难，所以我理当营造轻松氛围。我会为我们不能满足他的需求表示遗憾。我还会告诉他，如果他愿意重新考虑，我们随时准备为他服务。我们还会在稍后附上一封言辞恳切的信件，再次确认我们即将取消他的账户。我们还会为他转换顾问的过程提供帮助。

拒绝客户

在一开始就拒绝不合适的关系，要比等到出问题后再想方设法终止一段关系好得多。如果潜在客户的档案对我们来说不合适，我们会向这位潜在客户道歉，说明我们的市场细分太过狭窄，所以不能为他提供最好的服务。我们会说，很抱歉，我们太过专门化，无法把所有人都吸收为客户，而不是说潜在客户没有足够的金钱或者在某些方面存在不足。理财机构万万不可让人们因为缺钱而感到困窘。

我们会让这类潜在客户明白，即使我们不能为他们提供帮助，我们也会为他们找到更加合适的顾问。我们可以向他们提供一份我们认识而且信任的人的名单。值得一提的是，如果这些推荐不能解决问题的话，他们还可以回来找我们，我们很乐意再为他们介绍其他人。这是我们对他们的承诺，以感激他们将第一个电话打给我们。潜在客户在大部分情况下会接受我们的推荐。但是不管怎样，拒绝客户关系始终是很大的挑战，特别是当潜在客户本已通过了筛选程序而坐在你面前时。一位理财顾问承认，这种情况下，她需要有前所未有的勇气："我有我自己的标准，如果潜在客户无法满足我的标准，我会尽力寻找一种令人愉快的拒绝方式。我会说，'我认为我们不能对您有所帮助'或者'很明显，这很不合适。'"

另一位顾问坦率地承认，他经常会在与客户交谈的时候，根据他对情况的估计拒绝客户。如果他不喜欢或者不信任某人，或者潜在客户看起来像是个没有条理的人，他就会拒绝这段客户关系。如果他感觉他的服务对这个潜在客户而言没有太大的价值，他也会拒绝。

有些顾问倾向更加直接的方式。他们建议对这件事情要诚实而坦白。

"我会简单地告诉他们，我们并不是很好的搭配。"另一些顾问则喜欢不那么直接的方式。"我通常会谎称我的服务已经不再能满足更多的市场需求了，或解释说我们现在暂时无力承担这个项目，但是可能再等几个月……"一些顾问指出，如果你有捆绑服务，你也可以将其作为借口。只需要现金管理服务的人可能不希望获得全面策划。比如，我所认识的一位顾问就不会轻易接受新客户，除非他们同意接受全面策划。

一些理财机构会努力寻求与客户的协调一致。"如果潜在客户的预期与我们的不吻合，我们会说不行，对不起。当然，我们愿意增加新的客户，但是我们不希望看到今天的决定演变成明天的麻烦。"

很多顾问都会在第一次会面前对潜在客户进行审慎的筛选。比如给潜在客户寄送一份问卷，让潜在客户在会面前填写。如果有人对此表示拒绝，可以这样向他解释："当您去看一位新医生，他也需要得到相关信息，以便估计您的体质情况。这些信息将帮助我们确定我们是否能对您有所帮助。我们不希望浪费您的时间，也不希望浪费我们自己的时间。我们认为，如果您不打算花时间向我们提供必要的信息，那么我们恐怕也不是能够满足您需求的合适公司。"这样的做法的确能成功地说服那些爱找麻烦的人。

勇于说"不"

尽管剔除客户或拒绝一段新的客户关系会很困难，但这么做对理财机构的发展而言却是必不可少的。记住，帕累托法则说明，10年后，你的收入中大概只有20%来自现有的客户群。你需要剔除那些不合适的客户，然后再将注意力集中在客户保留上。有效地管理客户群将会让你的事业更有效率，更加成功，更有乐趣。

第8章

留住优质客户

这里打算用一整章的篇幅来专门讨论客户关系的问题。如何留住客户是件很重要的事情，但处于快速发展期的公司常常会忘记这一点。有研究表明，获得一个新客户的成本往往是留住一个老客户的5倍。很多公司都已意识到了这一点，因此它们提出了进行客户关系管理或消费者关系管理的口号。事实表明较高的客户忠诚度不但能提高企业的竞争力，还能提高企业的利润。这些都是客户关系所能带来的好处。《福布斯》杂志指出：管理客户关系的诀窍在于以客户所希望的方式去对待他们。

就理财机构而言，留住客户的关键在于与客户进行沟通，并管理好客户的预期。喜剧演员丹尼·托马斯曾讲过一个与客户预期有关的精彩故事。有一个人深夜驱车行驶在一条乡间小路上，这时他的车胎突然爆裂了，所以他靠着路边停了下来，希望能从后备箱里找到一个千斤顶来更换车胎。可是当他打开后备箱却没有找到千斤顶，而且这个时候天空下起了瓢泼大雨。他站在泥泞的路上，浑身上下都被雨水浇了个透。正当他绝望的时候，他忽然发现不远处一家农舍传来灯光，于是他朝农舍跑去。在去往农舍的路上，他开始揣测遇到农舍主人后会发生什么样的状况。他自言自语地喃喃道："现在已经很晚了，农舍里的人肯定都已经睡下了。但是，农民一般都非常善良，所以如果我给他5美元的话，他肯定不会介意借给我千斤顶的。"他一边跑一边继续喃喃自语："当然，那个农民很可能睡得很早，他可能都已经睡下好几个小时了，如果我在半夜把他叫醒的话，他一定会非常生我的气。如果是这样的话，那他会要多少钱才肯借我千斤顶呢？20美元，还是30美元？"当他敲门的时候，雨下得更大了，天气越发冷了起来。他开始想："可能这个农民每天凌晨3点就要起来挤牛奶，特别是现在雨下得这么大，天气又这么寒冷，他肯定会更加生气了。他也许会向我索要100美元才愿意借给我千斤顶呢！100美元！那简直就是抢劫！"就在这个时候，农舍里的农民推开二楼的一扇窗户，大声喊道："嘿，什么事？你需要什么帮助吗？"这时，这个人却抬起头看着农民，大声叫道："留着你那该死的千斤顶吧！"

在无法正确地预知将要发生什么事的时候，人们会自然而然地想出这样的"千斤顶故事"。作为顾问，我们的工作就是帮助客户形成正确的预期，并最终帮助他们管理预期。我们不希望客户在市场大起大落时跑来找我们。我们会主动与客户联络，告诉他们应该怎样评价市场的这种走势。

行为金融学

要讨论预期管理，就必须谈一谈行为金融学。要提高理财决策的质量，正确理解和应用心理学同正确理解和运用经济学原理一样重要。经济学中通常假设投资者是理性人。在过去，我们所有的投资战略都是在古典经济学理论的基础上建立和发展起来的。20世纪80年代中期，阿莫斯·特维斯基和丹尼尔·卡尼曼创立了行为金融学理论，讨论了启发法、心理捷径等投资者用于处理信息的方法。行为金融学理论指出，我们对投资者处理信息的方式知道得越多，就能更好地帮助他们制订投资决策。行为金融学知识的运用将帮助我们成为更加优秀，更有影响力的顾问。

特维斯基和卡尼曼一项最著名的研究指出，一般而言，投资者是损失规避者，而不是风险规避者。他们向被试人员提供了两种期望值相同的选择，区别仅在于提问方式的不同。被试人员需要在两部分问题中选择A或是B：

第一部分：

A 你将赢得 800 美元。

B 你有 80% 的可能赢得 1 000 美元。

第二部分

A 你将损失 800 美元。

B 你有 80% 的可能损失 1 000 美元。

95% 的被试人员在第一部分中选择了 A 答案，在第二部分中选择了 B 答案。特维斯基和卡尼曼的结论是，人们不会利用机会以赢取更多，但是会利用机会以避免蒙受损失。换句话说，投资者是损失规避型的，而不是风险规避型的。将这一测试略作修改就可以加入到理财机构的风险培训问卷中，以帮助客户明白，投资于一些他们认为有风险的基金，能够帮助他们在退休后仍能保持预期的生活水平。

尽管我们认为应当将行为金融学的原理作为管理客户预期的基础，但本书并不会对这些原理进行更为详细的讨论。下文给出了典型投资者的一些特点，供读者参考：

- **公开信息**。以最近的公开信息为决策基础，而不是花时间自己研究和分析。
- **瞄定**。以某一估计为基础进行决策，而不是对各项估计进行独立的评估。
- **认知偏误**。只相信那些能强化原有判断的信息，而忽视那些与原有判断相悖的信息或证据。
- **狂热情绪的传染**。即从众心理，买进很火爆的股票。
- **心理账户（增加或减少）**。对损失赋予比利得更高的心理价值，投资者因此在遇到损失时不愿意立刻抽身。
- **心理账户（多重账户）**。根据账户性质构造出多重心理账户。例如，是否为个人退休账户，或者资金是以工资还是奖金的形式得到的。
- **过度自信**。倾向于相信自己能一直获得超额回报，或能雇用某人来获得超额回报。
- **懊悔、骄傲和害羞**。将个人情感或社会评论强加在投资上，例如，

"我不买那支股票,它看着就让人讨厌。"

- **代表性**。以过去预测未来。认为昨天上涨的股票明天也会上涨。

设身处地为客户考虑

美国一家顶级理财机构的负责人在如何打造完美的客户服务以留住优质客户方面很有心得,本节以这位负责人的心得为基础,探讨了完美的客户服务的一些构成要素。

"我们的客户服务理念源于我幼年在密歇根的家中对母亲行为的观察。这么多年来,随着我在各种场合对许多独一无二的优质服务的观察,我们的客户服务理念也不断丰富和发展起来。特别是在5年前,我被纽约一家顶级酒店超一流的服务深深折服,并将之与我们的服务理念结合到了一起。

"在我9岁那年,我家里有一间客房。有天晚上,我的母亲突然宣布她要在那间客房里住一夜。我们当时都在想,她是不是有一点失去理智了。第二天早上,妈妈把那间客房里的所有家具都重新布置了一番,在洗澡间里添置了毛巾,还在床头柜上新添了一盏台灯。她告诉我:'除非你自己在客房里睡一夜,否则你永远不会知道客人在那间客房里过夜的感觉。'

"在采纳了妈妈的建议之后,我们开始从客户的角度出发,以批判的眼光来审视我们的服务,并打算制订出新的客户服务和支持方式。在我们开展这项工作的过程中,我和我的丈夫到纽约一家以顶级服务而闻名于世的酒店度过了一个周末。在我们逗留期间,有天上午,我正在酒店的大厅里等人,一位妇女径直走到了服务台前面,开始没完没了地抱怨她房间里的东西。她在服务员面前无休止地发泄着她的愤怒,对他们大吼大叫,指责他们收取了一项她认为不该收取的收费。在她发泄完之前,她还喋喋不休地提出了一大堆要求酒店立刻改正的问题。令人吃惊的是,酒店的前台服务员并没有让她去找房间管理员、出纳员或经理助理,而是拿起笔把这些问题——记录下来，然后礼貌地向客人保证他会立刻处理此事，并会在下午3点左右给她打电话，向她报告酒店方面对哪些事情进行了处理，进展如何。他并没有推脱说这些问题是别人的责任。他只是告诉客户他会处理所有问题，并会在某个特定的时间向她报告处理情况。从我母亲的'客厅观念'开始，再到我在纽约的所见所闻，这些帮助我形成了我们公司的服务理念，并完全改变了我们的客户支持。"

承担责任：顶级客户服务的基本要素

"我们的首要信条是：只要你接起电话，你就需要负责这个问题。这并不是说公司的员工要独立解决某个问题，而是说应积极回应客户的求助。我们必须为客户提供完美无缺的服务。我们的政策是，最初是谁接的电话，就由谁向客户反馈。我可以保证纽约酒店里的那个妇女并不关心帮她解决问题的人是谁，她真正在乎的只是问题有没有被及时解决。我们深知，接待员只有在被授权并充满责任感的情况下才能真正服务于客户。那些传统的接待员受工作性质所限，只能把客户的事情交给另一个人，我们改变了这一情形。在我们公司，所有接待致电或上门的客户和潜在客户的接待人员都是客户服务团队的中坚力量。根据客户提出的要求和问题的性质，他们会亲自处理这些问题，或者帮助客户找到能解决这些问题的人。"

电话礼仪

"我们的客户服务理念不但提高了员工的忠诚度，也提高了客户对公司的忠诚度。我们知道，每个人都希望自己受到特殊优待。我们的客户服务明确说明了我们非常珍惜并期望留住我们的客户，他们是我们最有价值的资产。我们对客户的特殊关注从我们的电话开始。想一想第一个电话是多么重要吧，它设定了公司的整个基调。

"一天晚上回到家后，我发现电视没有信号。我拨通了电视公司的客户服务热线，听到如下录音提示：如果没有电视图像请按1号键；如果电视图像有扭曲请按 2 号键；如果只有声音没有图像请按 3 号键……。当我按下 1 号键，又有一个声音提示：如果只是一个电视没有图像请按 1 号键，如果是所有的电视都没有图像请按 2 号键。我按了 2 号键，然后又有一个声音告诉我，他们并没有从我的邻居那里收到类似的投诉，让我等待有时间的客户服务代表。接着电话里传来噪音一般的音乐以及对这家电视公司的商业赞美。整整过了 20 分钟，始终没有人来接电话。过了 30 分钟，我觉得自己就像是个遭人愚弄的傻瓜，于是愤怒地挂了电话。这样的障碍只会给我们的客户留下非常坏的印象。我们公司里既没有传统的接待员，也没有全自动的回复设备。

"我们要求公司里每一个接电话的人都必须非常熟悉每位客户，了解客户所有的基本背景（比如配偶的名字、最近的旅行、家中新添的儿孙），或者必须能很快获得这些信息。这样他们的说话方式会显得不那么正式，更富人情味。为了做到万无一失，我们也准备了语音信箱，但是只有当打电话的人主动提出留言要求时才会用到。"

超乎寻常的礼貌

"你是否曾注意过，有一些人可以通过电话向对方送上微笑？你只要一听他们的声音，就知道他们的情绪非常好，而且很愿意和你交谈。我非常喜欢那样的感觉，因为即使我今天的心情非常糟糕，只要与这样一个在电话里送上微笑的人交谈，我也会马上高兴起来。

"友善的微笑并不意味着过于随便的态度。经常有其他公司的接待员对我直呼其名，我并不喜欢他们这种做法。我的公司规定，如果没有得到他人特别是客户的示意，我们绝不能直呼其名。另一方面，每当我们的工作人员被问到姓名的时候，他们都会告诉对方自己的全名，否则就太不专业了。"

说出你的想法

"与其他人的关系太过正式同样也会成为障碍。在我刚从芝加哥搬到

第 8 章　留住优质客户

迈阿密的时候，我需要找一位新医生。在客户和朋友的介绍下，我曾拜访过许多医生。大部分拜访都乏善可陈，办公室很漂亮，很吸引人，工作人员很称职，医生也非常专业。但是对最后一位医生的拜访却给我留下了最深刻的印象，他给了我很大的启发，让我懂得了应如何更好地经营我的理财机构。

"在进行身体检查前，我坐在他的办公室里，他对我的健康状况进行了详细的了解。完成身体检查后，在他对检查结果进行复查时，我又和他坐到了一起。然后，他说了一些非同寻常的话。他说：'我很希望能成为你的医生。我会视你为有价值的病人。我相信，通过共同努力，我们一定能让你保持健康。'我当时差点从椅子上跌下来。从来没有一个医生像他这样表达出自己的愿望，更不要说希望我成为他的病人。这也许只是件很简单的事，但是自那以后，我们经常会告诉那些潜在客户，我们希望成为他们的理财顾问，我们会把他们当作最宝贵的客户。潜在客户都很愿意听到这样的话，那些潜在的障碍也会立刻消除。"

问候

"我们的客户服务总监总是会尽量亲自接待潜在客户，并将他们介绍给指定的顾问。在第一次会面时，顾问还会陪同客户见公司的合伙人。我们会尽量让潜在客户在第一次参观公司时见到更多合伙人和公司员工。我们希望能向他们展示我们的专业性以及丰富的知识，同时也促进他们对我们这种团队工作方式的认同。

"曾经有多少次，当你坐在接待室里，很多人从你的身边匆匆走过，却对你视而不见？又曾有多少人向你鞠过躬？我们的公司可不会像这样冷漠。我们非常清楚什么时候会有什么人出现。我们的工作人员会亲切地问候客户，称呼他们的全名，让他们感觉到我们的重视和期待。最初的问候结束以后，我们的工作人员会和客户坐在一起聊天，直到正式会面开始。我们从来不会让客户或潜在客户独自一人坐在等候室里等待。"

成为客户生活中必不可少的部分

"留住客户的关键在于让自己成为客户生活中必不可少的部分。你和客户的关系越紧密,他们对你的依赖性越强。我的一位客户在去年去世了,我理所当然去参加了他的葬礼。令人惊奇的是,我从来没有见过这位客户的儿女,可是他们每一个人都知道我的名字。显然我已经成为这位客户生活中很重要的一部分了。"

迎合客户的自尊心

"我们公司有很多客户都是医生,医生们总是有很强的自尊心,希望获得优待,因此我设计了一个小小的计划,希望让他们感觉到自己与众不同。我把他们叫做'雄鹰客户'。我告诉他们,与我们合作的话,他们将成为我的'雄鹰客户'。这意味着当他们打电话给我时,我会直接接听他们的电话;如果我在接听其他电话,那我会一放下听筒就给他们回电话。我告诉我的客户,他们将会得到非常特殊的优待,但是在他们打电话的时候,他们必须说明自己是'雄鹰客户'。

"事实上我为每一个客户都提供特殊优待,我会立刻接听每位客户的电话,或是只要有空就回电。这招非常管用。所有医生都认为自己是'雄鹰客户'。近年来,根据客户对公司收入的贡献,我已经对'雄鹰客户'的名单作了新的调整。客户只有达到一定标准才能成为'雄鹰客户'。但是我们对客户的承诺并没有改变。对于客户来说,成为'雄鹰客户'不仅仅是心理上的收益,他们也确实得到了非常实际的回报。客户都非常乐意知道我们对他们的重视。"

你是在为客户提供酒店还是一张床

"我们如此重视客户,与我们对投资组合业绩的理念有关。我从第一天开始就告诉客户，我们并不是在提供业绩，而是报告业绩。我们并不追求收益的最大化，我们没有必要这么做，客户也不必这样要求。客户所需要的仅是通过投资组合的收益来实现他们的目标。我们也不相信所谓的市场时机选择，客户的资产会被非常谨慎地投资到股市上，无论股市情况是好是坏。

"客户预期你能长期保持优秀的业绩，是由于他们的'过分自信'。为了挑战这一行为特点，我们必须强调一些业绩表现以外的东西。对我们来说，要为客户提供的是持续的支持和优异的服务。

"我的一位客户是在全国医药行业声名远播的咨询师。他写的书被康奈尔大学医学院作为教材。当我向他介绍我们的服务理念和承诺时，他立刻就喜欢上了我们的理念，并认为我们这一行就应该采用这样的模式。当我谈起纽约那家酒店的服务时，他告诉我说，丽嘉连锁酒店的服务远远超过我所见过的一切。该连锁酒店不仅要求服务人员提供完美的服务，还要求所有员工都必须这样做。比如说，如果我询问怎样才能找到某个房间的话，工作人员一定会放下他手中的活，将你带到想去的地方。

"接下来我的客户告诉了我一个关于佛罗里达州凯悦酒店的例子。凯悦是非常高档的酒店，拥有用大理石和黄铜镶嵌的豪华大厅。一天晚上10点左右，一位穿着睡衣的客人怒气冲冲地出现在前台。他似乎刚吃完晚餐，正准备上床睡觉，突然发现自己的被套没有换过。他气愤地怒吼道：'290美元一晚上，难道还不够换个被套吗？'酒店经理告诉我的客户（那位医药行业咨询师）说，从那以后，她经常会回想起这件事。'每当人们走进这家酒店，看着那漂亮的大厅，肯定会形成一定的预期。我们必须超越他们的预期。'她认为凯悦酒店为客人提供的不仅仅是一个房间或是一张床，他们为客人提供的是一家酒店。这一想法正是我们顶级服务的核心。在理财顾问业，资产管理服务就好比是一张床。要想获得成功，我们必须向客户提供更多的东西。我们的'酒店'就是我们向客户提供的投资策划书和我们平衡的心态，帮助客户在市场的起起落落中实现目标。"

生活方式顾问

"我是客户的生活方式顾问。我们办公室的墙上贴有三张图。一张是世界地图,另外两张都是意大利波多非诺海港的照片,那是我最喜欢去的地方。对面的墙上则挂着我收藏的面具。我的事业就是帮助人们调节他们的生活方式。在讨论客户的财务目标时,我经常会以探讨年度旅游预算的方式与客户交谈。如果客户说需要在退休时得到 4 万美元收入,我就会对客户说:'让我们来看一看,这里大概只有 5 000 美元的旅游预算,这怎么会够呢?'我所有比较重要的谈话都围绕着客户的'旅行'来展开。我会指着墙上的地图对客户说:'我是个言出必行的人。我很喜欢旅游。我从世界各地收集了很多面具。如果我们一起合作,我会帮助你实现所有的目标。你曾告诉我你的目标之一就是有钱和时间去旅行,因此当你旅游时,若看到那些有趣的面具,希望你能记起我。'试着用比喻来取代客户先入为主的观念,用生动的例子展示出你与众不同的一面。

"我们的接待室里有一幅生活方式拼贴画,是客户最喜欢的一些活动的图画组合。图画中有的人在打高尔夫,有的人喜欢园艺,有的人喜欢根雕,还有的人喜欢骑马。这些优雅的图画证明了客户实现了自己的目标。"

评判环节

"我们的客户服务总监最重要的一项职责就是报告客户对服务的感受。她负责评判我们的其他业务活动。比如说,如果我们正在准备信件、简讯或其他一些与客户沟通的材料,她的职责就是站在客户的角度来审视这些服务。除此之外,她还拥有自己的顾问小组,小组里的所有成员都是我们的长期客户。这些人不光有自己独到的观点和见解,而且都经过了仔细的挑选,从而确保了顾问小组由不同年龄、身份(私人企业主、退休人员、已结婚的人或寡妇)和兴趣的人组成。我们告诉小组成员,我们需要得到他们最真诚的反馈,我们唯一的目标就是不断提高我们的服务水平。他们经常会对我们表格和文件中的调整进行测试，并提出大量宝贵意见，我们则会专心聆听。这样做很重要，因为我们能留住客户的一个主要因素就在于我们提供的一流客户服务。"

不同级别的服务

在高级酒店里，如果你开了一间顶级服务的房间，你将会享受到非常优越的服务。你能享受柔软厚实的毛线睡衣裙和法国的香皂粉。酒店的餐厅还会提供欧洲大陆式的早餐以及下午的鸡尾酒。如果你没有购买顶级服务，你仍能拥有很舒适的房间和很不错的基本服务。对理财机构而言，尽管我们向所有客户都提供基本的顶级服务，但并不是每个客户都对公司利润有着相同的贡献。考虑到这一事实，一家理财机构决定对客户的人口统计数据进行分析，并根据客户对公司利润的贡献设计一套分级式客户服务体系。

分析客户群

这家理财机构从审视客户名单入手，发现公司在过去几年中的成长毫无规律和节奏。这大概是整个理财业的通病，理财机构总是尽量按照客户的要求提供一些超出自身服务理念和能力的服务。为了更好地分析客户群，该理财机构按客户的年龄、管理的资产、需要的服务以及客户类型（如寡妇、离婚人士或夫妻）等标准对客户进行了分类。结果发现，大部分客户都是50岁以上的人，他们理财的目的是为退休做准备。他们当中有很大一部分人要么刚把公司卖了，要么刚领到一大笔养老金，要么刚继承了一大笔财产，要么刚领到一笔他们无法管理的意外之财。理财机构还评估了每个客户与公司之间的关系。有些客户实在让人恼火，个别客户需要跟她好好谈一谈，还有位客户提的问题太具挑战性。另外，合伙人还注意到员工经常跑到自己的办公室来，抱怨罗太太粗鲁无礼。与此同时，理财顾问也在不断地思考自己的行为。比如，为什么会觉得某个家族的所有人打电话时都那么聒噪？一位理财顾问说，每当她带着厌烦的情绪接听某个客户的电话和语音信箱留言时，她就意识到必须重新评估与这个客户的关系了。

这家理财机构还意识到，随着这些年公司不断提高最低资产额的门槛，公司的新客户与老客户之间的共同点越来越少。新客户更加关心遗产和跨代问题，老客户却将注意力集中在如何投资赚钱以颐养天年的策略上。该机构的合伙人曾这样评论那些新客户："他们把钱藏在床垫底下就能实现他们的愿望，当然还可以进行多元化，把钱藏在不同的床垫底下。"理财机构必须决定应该为客户提供怎样的服务，预想客户应该是什么类型。当然还要知道哪些客户关系是有益的，哪些是有利可图的，或者两者兼有。

一位理财顾问最欢迎小企业主或个体户成为她的客户："我发现这类客户都有相同的性格：他们都很聪明，有很强的支配欲，希望参与进来，但他们又不愿自己管理投资。于是我开始把自己看作一名辅导员。他们有时会告诉我一些新的想法，让我研究这些想法，我会告诉他们一些我对这些想法的专业建议。"她想出了一种让这些充满支配欲的客户对自己的投资组合充满兴趣的方法。她为他们购买了一些单支的蓝筹股。她说："这些人都在公司里工作，他们耳听八方，而且非常乐意谈论股票。我总是希望自己能控制令客户感兴趣的那部分股票。如果股价上涨，我可不希望他们将兴奋之情归功于股票经纪人。"

确定营利性

在经历了快速的业务增长后，这家理财机构进入了一个怪圈：他们不断增加雇员，更加勤奋地工作，但所得甚少。负责人认为，为实现盈利，首先必须确定理财机构的发展方向。他决定重新分析公司的客户群。首先，他明确了在现有设备和人手维持不变的情况下，三个合伙人每人大概要应付多少个客户。当时每个人平均要负责 40 个客户，也就是说总共有

120个客户。客户的平均资产规模在30万美元左右，这也是该理财机构当时设定的最低资产额。负责人估计在不增加人手和设备的情况下，每个合伙人还能再承担20名客户。如果增加60位满足最低资产额要求的客户，每个客户能带来3 000美元的收费，那么公司将新增18万美元的收入。

反复考虑了这件事后，负责人意识到如果仍将最低资产额要求设定为30万美元（该公司正在这一水平上不断吸纳新的客户），那么公司将很快达到自己的最大负荷。意识到唯一不能增加的商品正是理财顾问的时间，因此如果公司想要扩张的话，就需要争取那些拥有更多资产的客户。如果把最低资产额要求提高到50万美元的话，公司会经过更长的时间才达到最大负荷，而且将能赢得更多的利润，因为公司可以在不添加人手的情况下得到更多的收入。所以这家理财机构将最低资产额要求提高到了50万美元。作出这个决定之初几位合伙人还有些犹豫。刚开始拒绝那些30万美元的客户时，他们的声音都不太肯定，但他们不断提醒自己，提高了最低资产额要求后，公司的年收入将提高30万美元，而不是18万美元。提高最低资产额要求不久之后，奇迹发生了，新客户的增加速度不断提高。似乎最低资产额提得越高，公司看起来就越专业，前景也越好。

后来这家理财机构又多次提高最低资产额要求。他们还根据客户占用合伙人的时间定期对客户进行评估。评估过程中遇到的一项最大挑战就是，如何在不断满足新客户要求的同时，兼顾那些曾经对公司的发展起到很大作用的老客户。

显然，要想在保证所有客户关系都有利可图的同时为小客户提供充分的服务，理财机构势必会陷入左右为难的境地。如果并不是所有客户关系都有利可图，那么干脆把这样的想法彻底忘掉吧。发展一个新客户会比维持一个老客户花费更多的成本。我们应该向所有客户提供优秀的基本服务。不过我们也不得不承认，并不是所有的客户都愿意得到相同的服务。基于此，这家理财机构根据客户交纳给公司的年费，确定了适当的服务级别：

服务级别	年费
铜卡会员	7 500 美元以下
银卡会员	7 500 美元 ~ 10 000 美元
金卡会员	10 000 美元 ~ 25 000 美元
白金会员	25 000 美元 ~ 35 000 美元
钻石会员	35 000 美元以上

然后他们精心设计了为每类客户提供的服务类型。这些年来他们多次对客户进行了重新分类,也多次重新设计了服务类型。他们一致认为,这样做是事业的起点而不是束缚。他们为每位客户提供的服务类型和服务方式都是独一无二的。该机构的负责人提到了这么一件事:"有一次,我们的一个白金会员告诉我,她感到很奇怪,我们竟然给她寄了一张生日贺卡。她说:'生日贺卡对于我来说是一件很私人的事情,只有我最亲近的朋友和家人才会给我寄生日贺卡。'因此我们的客户服务总监建议说,我们应该在这位客户把我们当成亲密朋友后再向她寄送生日贺卡。"下文列出了这家理财机构目前的客户群。这一列表仅仅反映出他们与客户接触的次数,而不是不同的服务类型或级别,因为每一位客户都是独一无二的。

级别	服务
铜卡	半年审查
	业务通讯
银卡	季度审查
	业务通讯
	定期报告
金卡	季度审查
	业务通讯
	报告
	每月一次的额外联系
	每季度两次的基本联系

白金级	季度审查
	业务通讯
	报告
	每月两次的额外联系
	每季度两次的基本联系
钻石级	季度审查
	业务通讯
	报告
	每月两次的额外联系
	每月一次的基本联系
	每季度的晚宴或类似活动

正如你看到的那样，这些级别是按照客户给公司带来的收入进行划分的。然而有客户指出，在那些豪华的酒店里，如果你想得到顶级服务，只需支付一笔"升级费"就可以了。这种做法最初并不为这家理财机构所接受，但现在他们已做出了很明确的规定，如果客人想要得到白金级的服务，只需支付白金级服务所需的最低收费就可以了，哪怕他的资产没有达到白金级的资产要求也没关系。

定制化的礼物

仍以这家理财机构为例，金卡级及以上的客户会收到定制化的生日贺卡、假日卡片、礼物和为庆祝他们与公司一起走过的这些年的周年贺卡。除此之外，公司还为一些特殊事件赠送特别的礼物，比方说客户添了一个孙子或孙女，以及节假日的特殊礼物。公司会按客户的姓名、事件和图片设计出不同的卡片，如果需要更正式一点的卡片，他们还会手写这些卡片。

许多客户就要成为祖父祖母了。为了见证这一激动人心的事件，公司会向新生婴儿赠送一个非常可爱的银质拨浪鼓。直到有一天，客户服务总监对这项传统提出了反对意见。"我们给客户的孙子或孙女送礼物是为了传递什么样的信息呢？很多时候我们甚至不知道孩子的父母是谁。我们可以采取另一种方法。我们可以给即将成为祖父祖母的客户送出相框和日记本，那我们就是在和客户分享这一对他的家庭来说意义重大的时刻。客户也可以与新生儿一起分享我们的礼物。"这一创意受到了客户的强烈欢迎。一个刚成为祖母的客户告诉公司负责人："孩子的诞生给我们带来了非常复杂的感受。我们的女儿现在又有了女儿。我们非常高兴能和孙女一起分享这些小礼物。这使我们感到自己很特别。"

长途旅行时，他们会带上钻石级、白金级和黄金级客户的地址标签。他们通常会花两三天的时间给客户写一些简短的话，然后贴上邮票寄到客户家去。客户非常喜欢收到这样的礼物，并为理财顾问在旅行时还想着他们感到高兴。

必须强调的是，尽管客户可能会被分为不同的级别，但该理财机构向客户提供的理财策划和投资建议服务的质量却是一致的。这家理财机构明确表示，他们欢迎客户在遇到问题时和他们联系，也随时准备为客户提供额外的服务和建议，绝不区别对待。无论客户的资产规模有多大，所有员工都会为他们提供优质服务，竭尽所能满足客户的需求。无论什么时候，如果发现客户在滥用理财顾问的时间，他们会直截了当地告诉客户。事实上该机构很少因客户占用了额外的时间而向他们索要额外的收费。

每年该机构的合伙人及员工会一起写下"完美客户"的特点描述，比如他们的个性、脾气、净值以及提出问题的复杂程度等。然后根据该描述筛选出高质量的客户，并将那些既缺乏价值，又没有任何感情联系的客户剔除（详见第7章）。

增添趣味

除基本服务以外，该理财机构还会添加一些有趣的小项目。比如通过文章、便笺或者其他一些有趣的项目来让客户高兴。利用机构自身的资源系统以及互联网资源，他们掌握了许多能激起客户兴趣的文章。由于拥有许多知名客户，客户服务员每天都会搜索报纸，找出那些有客户名字的文章。她会把文章和一封简短的贺信一同寄给客户。

通过沟通管理客户预期

沟通对维持良好的客户关系而言至关重要。我们通过沟通来强化我们的理念，管理客户的预期。这几年来，理财咨询行业的沟通策略发生了巨大的变化。最有意思的是，过去我们的沟通方式对客户高度结构化，现在则对我们自己高度结构化。不管怎样，理财机构的沟通方式应更富于灵活性，更加令人感到舒适和自然。

"危机"谈话

一位知名理财顾问曾指出，你必须在与客户建立关系之初就控制好客户的预期，特别是客户正在经历市场动荡的痛苦时。"我的一位客户是很有权势的律师，习惯于自行其是。"经过相当仔细的策划后，该理财顾问认为这位客户应进行长期投资。投资政策是让客户在2月份向国内市场投资70万美元。到了3月份的时候，这位客户的投资组合价值下跌了10%，于是他给理财顾问打来电话。与此同时，当地正在经历一场大风雪，地上的积雪已没过膝盖，天空还在不断地飘着雪。这位客户非常激动地对理财顾问大喊道："我刚刚检查了我的账户，你就是这样给客户提建议的吗？你好好看看现在的状况！"理财顾问答道："好吧，我会告诉外面的人，铲雪的时候千万别用背，要用腿。"这时他的客户笑了。这位理财顾问说，从那以后，这位客户再也不会因为短期的市场震荡而过度焦虑了。他会告诉每一位客户："5年，记住，你们至少要看到5年那样长远。"

对客户预期管理进行评估

我们这一行几乎每个人都会准备季度业绩评估。这么多年来，我们一直为了到底该在这些评估报告里添加什么内容而苦苦挣扎。许多顾问都表示，他们非常关心在定制化与标准化之间求得适度的平衡。现在我们详细地讨论一下理财机构报告及评估文件的细节。

每个季度客户都会收到一份标准的评估报告。评估报告是为了管理客户的期望而专门设计的，材料的组织方式以强化我们的投资理念为目的。

- **第一页：市场概要**。对过去一个季度中各市场的表现和总体经济情况进行综述，作为客户在查看第三页的个人投资组合时的参考。

- **第二页：资产配置**。利用 Excel 设计一份文件，它能自动从投资组合管理软件系统中提取数据，并在同一页纸上生成两个彩色的饼状图。第一个饼状图描述的是当前的资产配置情况，第二个图则是投资政策中的资产配置情况。理财机构通过这一页来讨论是否需要根据投资政策对资产配置进行调整。将这一页放在整个评估报告的开头，是为了强调合理配置资产的重要性。

- **第三页：投资组合头寸**。这是客户当前头寸与价值的列表。这一页并没有将现金和课税标准包括在内，以避免客户进行短期比较。

- **第四页：经理评论**。这一页会对每一位投资组合经理进行书面描述，包括他们投资管理风格的重要方面及其所管理基金的构成情况等。理财机构会在每季度对 1/4 的经理进行简评，或在发生人员变动的时候进行说明。这些描述都会标注日期，这样客户就能知道机构与这些经理的最近一次联系是在什么时候。

- **第五页：业绩表**。由 Excel 生成的业绩表主要向客户描述以下三个指标：以消费者物价指数（CPI）衡量的通货膨胀率、投资政策的目标回报率和实际的投资回报率。这个表可以向客户表明，在目前的通货膨胀条件下我们的投资组合表现如何，而这也正是我们最希望向客户强调的。

- **第六页：业绩表现**。这一页将会列出以投资时间和初始投资额为权重的累积回报率和年度回报率。我们不会向客户提供上季度和本年至今的投资回报率，因为我们不希望客户因过于关注短期收益而受到打击。未满一年的客户将不会收到这一页。

- **第七页：统计分析**。这一页为 Excel 格式，提供关于投资组合经理的详细信息，包括标准差、阿尔法、贝塔以及 5 年和 10 年的投资回报率等。这一页还特地将费用比率也包括了进来，以向客户表明我们极为认真地对待费用，而且密切监控费用情况。

每个月机构负责人都会在评估报告里附上一封信。这封信一般是非正式的，带有讨论性质。如果市场下跌，这封信将以正面鼓励为主，向客户说明不可过于重视短期表现。如果市场上涨，这封信将以冷静劝说为主，以控制客户过高的热情。尽管这些信是由计算机生成的，但它们都相当有人情味。所有合伙人会在每一封信上签名，并在底部加上一些简短的注释。

还可以利用评估的机会与客户探讨理财策划的相关事宜。每一次面谈都会专门讨论以下四个方面之一的内容：遗产策划、退休策划、税务筹划和风险管理。

即时报告

在与客户确定关系之初，理财顾问应询问客户希望以什么样的方式来接收临时信息。我们有电子邮件、传真和普通信件等形式可供选择。我们还会不时向客户发送即时报告，以便说明当前经济状况，给他们传递来自投资组合经理的有趣材料，或者仅为了与他们保持联系。如果发现有的信息需要与客户作进一步讨论，除发送即时报告外，还可以再给客户打一个电话，这样客户就会知道哪些是必须要读的重要信息。这样的即时报告一年仅有为数不多的几次。

业务通讯

一些顾问会花费大量时间设计和撰写他们的业务通讯。大部分顾问都会亲自撰写他们的业务通讯。对此，一位理财顾问的话很有代表性，他说："我的业务通讯是对我自己、我的公司和理念的反映，同时也是展示个性、强化理念的绝好机会。在每一期的业务通讯里，我都会专门用一个部分来谈论我的家庭。这一部分收到的回复也最多。"

你可以通过业务通讯来树立和强化你的形象。鲍尔斯与菲利普公司是一家债券法方面的专业律师事务所，由三个合伙人组成：一对夫妻和另外一位女性合伙人。他们把自己戏称为"两个来自地狱的恶妇与一个又矮又胖的家伙"。他们的业务通讯《地狱记者笔下的恶妇》有着与众不同的风格。他们设置了许多独特的专栏，比如"亲爱的软蛋"和"龙之妇人如是说"，前者主要是为那些与职业女性一起工作的男士提供建议，后者则主要讲述一些关于公司客户的故事。他们认为律师平常看起来沉闷单调又高高在上，因此他们决定往自己的业务通讯里注入一些幽默元素，将自己从千篇一律的专业律师世界里区分出来。他们认为这样做并没有玷污他们的形象，反而吸引了许多人的眼球。现在，他们每次会向全美各地的人们发送4 000多份这样的业务通讯。

为了增加业务通讯的趣味性和深度，可以邀请一些客户为业务通讯撰稿。这些客户一般都会积极表现。实际上，很多最好的业务通讯中有不少都是客户写的。已退休的客户常常能与那些为退休而抱怨的客户分享一些不错的观点。比如，有客户曾撰稿介绍过养老院、当地的成人教育项目、体检的价值和退休后的情感世界等。没有人能比这些过来人更适合谈论这类事情了。很多客户反映说，他们非常乐于为理财机构撰写文章，也很高兴能通过业务通讯阅读到第一手资料。

如果你不习惯自己撰写业务通讯的话，你也可以把它外包给当地的大学生。你并不需要每月或定期编写业务通讯。比如可以在第一份业务通讯的刊头写上"不定期出版"的字样。不过大多数顾问都认为，如果你只是将自己的名字和照片印到业务通讯中的话，那你还不如不要出版业务通讯了。

客户顾问委员会

一位理财策划师在多年前就成立了自己的客户顾问委员会。他的委员会非常正规，客户必须"任职"满3年。这位策划师说成立顾问委员会是一个极具现实意义的决定。过去，他和他的合伙人可能会为应该向客户提供什么样的服务和报告而争执不下。但是现在，"我们只需要问一下顾问委员会，他们想要得到什么样的服务就可以了"。顾问委员会负责审核报告并改正其中的语法错误，使得这些报告更具可读性。

有一年，这位策划师问客户顾问委员会为什么要聘请他们。他说："结果我们得到了非常有启发性的答案：'信任、诚实、透明、理解、一致，以及合理的回报。'请注意，他们并没有提到业绩，一点也没提到。"这位策划师承认客户顾问委员会是经过精心挑选而产生的，但是他也谈到，他和他的合伙人会尽量使顾问委员会的成员在年龄、性别、资产规模等方面保持一定平衡。他说："顾问委员会实在是太棒了。以前客户购买梦想，现在他们可以创造梦想。"他建议说，应该以专业的方式来对待顾问委员会，并对他们的参与给予适当的报酬。

客户调查

几年前，一家理财机构设计并向客户发放了一份调查。结果只收到了两条批评意见。其中一位客户抱怨说，他很不喜欢该理财机构的报告，也不喜欢过于冗繁的交易报告。除了这位客户外，其他所有人都认为该理财机构做得很棒，相信他们正努力将一切做到尽善尽美。从这件事上这家理财机构学到了很有价值的一课：如果你打算进行调查，那就让第三方去处理；客户才不会告诉你说你们的报告做得太糟糕，或者你们接电话的速度还应该更快，他们担心这样说会破坏你们之间的良好关系。第二次调查时，该理财机构就联系了本地一家秘书服务机构。这次调查的结果给他们带来了更多帮助，因为这次客户不是直接给他们回复，所以得出的结论自然也会和上次的不同。下文给出了一份第三方调查问卷样本。

客户调查问卷样本

请就以下各方面对该理财机构的表现评分

　　　　　　　　　　　　　　　极好　好　有待改进　未体验

1. 整体的员工评价

员工

2. 员工的礼貌

3. 员工的知识水平

4. 接电话的速度

5. 及时的后续电话

及时性

6. 开设新账户

7. 转账

8. 支付处理

准确性

9. 转账

10. 支付处理

你对改善该理财机构的服务还有哪些建议？

———————————————————

对该理财机构的操作处理有什么看法（如报告、准确性和及时性）？

———————————————————

表意明确

赫西公司曾做过一则很了不起的广告，标题叫做"改变是不好的"。广告上画了一个纸制的咖啡杯，一侧写着如下文字：

"警告：在饮用杯内的热饮前请仔细阅读本介绍。饮用者同意放弃对任何可能造成的伤害的索赔，包括而不仅限于对饮用者造成的烧伤、烫伤、损伤及其他任何身体和（或）精神上的伤害。敬请享用。"

赫西说得很对。那这则广告又是在打趣谁呢？我们每个人都应认真思考。我们知道，理财顾问业是管制很严格的行业。我们必须保管好某些必要文件，才能保护好客户和我们自己。但是，没必要把文件写得过分深奥，通篇都是高深莫测的法律术语，应该努力做到直截了当、通俗易懂。任何一份文件都有可能在我们和客户之间造成障碍和误解，危害到客户关系。你应该多花点时间，好好考虑一下你给客户的预约信、合同和你与客户最初的沟通。就如"在客房呆一晚"那个故事所说的那样，设身处地地想一想，你向客户传递的是什么样的信息？本书不准备探讨应该怎样撰写你的法律文件。但是，我对一点深信不疑，那就是你不必把合同写得那么正式、生硬就能保护好自己。

训练你的客户

电影《风月俏佳人》里，丽晶酒店的看门人为年轻的妓女维维安将所有事情安排得妥妥当当，包括从购买礼服到教会她怎样使用餐具等。理财机构的客户服务员也需要将所有相关事宜安排妥当，包括从监督季度报告书到为特殊场合挑选礼物等。之所以让她担任客户服务员，是因为她是解决这方面问题的能手。客户都知道不管遇到什么问题，只要找她，问题很快就会得到解决。她能站在客户的立场上，客观地对我们做的每一件事进行评价。在她决定要对某份表格或某项服务进行调整的时候，她只需请客户顾问委员会投票表决即可。

尽管我们向客户提供最优质的服务，但我们绝不会将提供特别服务与提供特别信息或报告混为一谈。我们只提供我们认为符合客户利益并且适当的信息和报告。比如说，客户曾多次要求我们在业绩报告中提供定量的基准，但我们没有这样做。客户也曾多次要求我们估计应缴税款，全面评估不动产，我们也没有这么做，因为我们在这些方面缺乏专长。但是，我们会帮助客户找到合适的人选。

迎接最大挑战

可能会让你感到惊讶的是，理财机构发展中的最大障碍并不是缺乏新客户，而是留住老客户。留住老客户所需花费的时间和成本比寻找新客户高得多。在竞争如此激烈的市场上，我们只有积极主动、不断创新，才会有出路。

第四部分　成长的管理

　　出于工作需要，一些理财顾问或许会同意向那些困难或没钱的客户提供特殊或廉价的服务。但在理财机构走向成熟之后，这种客户关系浪费时间最多、回报最少，还常常会让人觉得不舒服。如果将太多的时间和金钱用于维持这种不恰当的客户关系，那么就很有可能会失去能为我们带来丰厚利润的优秀客户群。本部分主要探讨如何定义、塑造和定位理财机构，包括从一种经营方式到另一种方式的转换，以及如何充分利用公共关系。

第9章

打破成规

　　企业家是梦想家，更是承担风险的人。大多数理财顾问都充满企业家精神，正因为如此，许多理财顾问在风险面前畏首畏尾的表现就显得十分有趣。"我们这么干，因为我们以前就是这么干的。"其实，他们的安全感只不过是错觉而已。

　　墨守成规似乎已经成为理财策划公司的一种通病，在涉及扩张公司或拓展客户群时尤其如此。这样的风险逃避主义部分来自于许多从制造业起家的同行。我们都学过销售技巧。在销售课上，我们的目标是提高销量，不管什么样的销售，多多益善。

　　我们曾经参加过名为"抓住客户"的研讨会。研讨会结束时，我们记住了差不多112个好笑的诀窍。比如这样一些诀窍："别让潜在顾客从门缝里溜走。"千万别问："你想买这个吗？"而要问："这里面您最喜欢哪个呢？"这些诀窍都在强调，我们应该抓住每个上门来的客户。有位理财机构合伙人一直在跟踪自己的月度和年度销售额。他成天研究这些统计数据，圈子里的人都对他们单位80%的成交率印象深刻。但另一方面，他抱怨说自己经常工作过度，员工们也不堪重负。并不是他的公司没有详细的规划和客户资格限制，而是他们没有坚持自己的标准，只要一有潜在客户，他们就会冲上去把生意拿下来。

错误的教条

所有人都可以是我的客户

在朱丽亚·罗伯茨和理查德·基尔主演的电影《风月俏佳人》里，那些在大街上揽客的妓女总是这样互相打着招呼："悠着点儿。"这也是我们对一些理财顾问的建议。我们希望以此告诫他们，千万不要去招惹那些问题客户。

一位理财顾问告诉我们，他曾经想过要拓展自己的公司，于是他给自己定了很宏大的月度目标。他经常会接纳一些不适当的客户或是难以处理的关系，仅仅因为这么做可以达到他每个月的目标。他在公司中权力很大。一旦他建立了不当的客户关系，他的策划总监必须负责维持好这段关系。这位理财合伙人最后才明白，虽然他自己没有体会到处理这些关系的种种难处，但是却让自己的员工代他受难。

如果你是公司的负责人，一定要抵制住抓住每个潜在客户的念头。你的评判标准不应是完成了多少销售，而应是开启了多少与公司共同成长的良性关系。

我要把标准压低以招徕客户

关于是否要为理财机构设定最低标准这个问题一直都存在着争议。需要注意的是，"最低标准"不一定是具体的资金数额。为了经营好公司，你必须选择一些你愿意亲近，有兴趣为其解决问题的客户。你不必成为包治百病的万能医生。至少你应该喜欢那些成为自己客户的人。一家理财机构制订了如下的客户标准，其中并没有涉及最低可投资资产的数额：

- 他们希望自己亲手策划。

- 他们觉得自己需要帮助。
- 他们愿意接受教育和引导。

在规划公司未来的时候，你有必要先设定客户标准。譬如说，你可能需要受理尽可能多的客户以拓展自己的业务，因此会制订很低的可投资资产标准。另一种选择是，你也可以服务于数量较少但资产净值较高的客户。在这方面，美国一家著名理财机构的经历很有说服力。这家理财机构在成立之初把 10 万美元作为可投资资产的最低限额，与此同时仍会接待每一位走进门来希望成为公司客户的人。一年以后，他们把标准提高到 30 万美元，理财业务并未像公司某些人所担心的那样出现萎缩，相反，有更多生意送上门来。短短几年的时间内，这家理财机构将可投资资产标准迅速提高到了 100 万美元，很多人以为他们将会无人问津，但是恰恰相反，他们赢得了优质客户，营造了非常融洽的客户关系。最近，甚至有员工建议将标准提高到 200 万美元。

现在，问题是，你从哪里获得新客户呢？靠现有客户的推荐吗？现有客户总是和一些经济状况和他们差不多的朋友打交道。一个有 50 万的人很难与资产 4 倍于自己的人频繁交往。你能想象公司的首席执行官竟然愿意和自己的秘书使用同一名理财顾问吗？这个道理在理财策划行业屡试不爽。

大约两年前，一位女士打电话给我们公司，希望能安排一次约见。我们一致认为她不符合我们的客户定位。帮助潜在客户找到合适的理财策划师乃是我们的政策和职责所在，于是我们向她介绍了两位同行。我们对这两位同行评价很高，而且他们的客户标准相对要低一些。第二年，这位女士的父亲在女儿的建议下给我们打电话，他非常富裕，但对自己目前的理财顾问不甚满意。尽管那位女士仍在接受自己顾问的服务，但她不建议父亲也把钱拿到那里去，因为那里的客户都是一些不如他有钱的人，所以那位顾问不适合他父亲这样的富裕人士。

或许他们认识一些有钱人

上面那个例子和我要讲的"机会"客户的概念非常接近。"机会"客户不是我们想要的客户，但是他们或许会给我们带来机会。我们曾经信奉这点，年复一年地玩着这套把戏。事实证明，这些人中没有一个成功地向我们推荐了目标客户。他们占用了我们的时间和精力，并有着与我们的大部分客户不同的要求。我们常常会觉得自己怠慢了这些机会客户，但他们要求的服务我实在满足不了。

只要你发话，叫我倒立都行

这是许多理财机构成立之初的另一个妥协政策，那时没有多少客户，提供定制化服务的成本也不高。如果你刚入行，别再这么做了；如果你在这一行已经是老手了却还在这么做，那就赶快停手吧。

一位理财顾问曾讲过一个故事。他从 1991 年起就为他的客户雷先生提供服务。在股市转牛的时候，雷先生突然打来电话要求更改他的季度报告，因为他想将自己的收益和标准普尔 500 进行比较。这位顾问解释说这样做并不合适，因为投资的大盘股还不到客户资产总额的 20%。雷先生却坚持要那么做，他说："只有这些东西才是每天新闻里报道的。"

这位顾问开始重新审视他与这个客户的关系。在过去 5 年中，这个客户打电话来要求确认的次数比其他任何客户都多。当市场表现平平时，这个客户打电话抱怨说收益不好。当大盘股市场表现转好的时候，这个客户又为自己未能赚到这些收益而不满。

理财顾问有两种选择。他可以照着客户的吩咐去做，也可以自行其是。我给这位顾问讲述了我自己的一段类似经历。当时我对我的那位客户说："你花钱是想让我为你做些什么呢？"他回答："我花钱让你给我出主意。"我又问："那我出的主意你为什么不接受呢？"我向客户解释，拿他的收益和标准普尔 500 作比较是不合适的。然后我建议他另请高明。那个客户说他不想离开，他仍选择留下做我的客户。有意思的是，这位顾问的客户雷先生同样也留了下来。

客户是冲着你的经验和建议才来找你的，而不是冲着收益报告的频率、报告书的格式或者不同报告书的附加材料。如果客户的意见切中要害、可行性较高，那就将其推而广之。如果客户的意见不是那么适当，而且他还继续固执己见的话，那就让他另请高明好了。如果你想要开创一家高回报、高效率、受市场欢迎的理财机构，你就必须尽可能做到制度化，同时又要保持好独具一格的客户关系。

你必须每个季度都见一次客户

一位理财顾问说，他花了几年时间才认识到，与客户的季度见面会对维持客户关系的作用并不是那么重要。客户若问起多久见一次面，他总是会问客户："你想多久见一次面？"他每年会对客户进行一次调查，以确认是否需作出任何重大调整。有些客户每星期和他谈两三次，有的则每年两三次，由客户自己选择。

另一位成功的理财顾问声称自己没有安排定期的季度面谈。但是，他的确会为客户安排一些聚会。每年他会挑选出一些客户和一位理财服务方面的顶级演说家，邀请他们到市中心的豪华宾馆聚会。他还鼓励客户带上自己的朋友。这就是一年中唯一的一次客户信息交流会，同时也是发展新客户的好机会。

我会随叫随到

我最早的客户是一些老太太。因为那时我的客户不多，所以我们都有比较充裕的时间。我会利用吃茶点的时间去拜访一下她们，聊一聊她们的理财计划。这显得很合理，因为我终归是服务业的一员。她们会叫我看她们孙子的相片，我则给她们讲讲我为她们设计的未来计划，理财业界的很多人也都是这么入行的。

在从事理财策划之初，我们常被看成搞推销的，而不是专业人士。我们的业务是靠上门推销开展起来的。现在我们规定，除了特殊情况外我们再也不会登门拜访客户。这项规定在早期并没有得到切实有力地执行。我们还是会频繁地上门服务，还借口说那些高净值客户想要得到优质的服务，因此我们应当顺应他们的时间安排。我们发现，大多数情况下我们越是顺应客户的时间安排，他们越是把我们看成推销员而不是专业人士。

现在，很少有客户会要求我们在公司之外的地方与他们见面。即使他们提出这样的要求，我们也会加以拒绝。我们把自己看作专业人士。医生和律师都是在自己的办公室里工作的，我们也是。客户会从各地来找我们。这个惯例并未导致我们的客户资源流失掉。实际上，客户和潜在客户反而会认同我们的方式，因为他们认为我们在很认真地安排自己的时间。

只要好好招待，他们就会来

以丰盛的食物或礼物作为诱饵的大型研讨会往往会以失败告终，大多数与会者并不符合你的客户定位，或者是本身已经有足够他们应付的顾问关系了。更不幸的是，这些人中没有一个人会真正关心你在说些什么，他们关心的只是你用什么来招待他们。他们感觉困乏无味，把你的讲话当娱乐。

小规模的研讨会对许多顾问来说都会相当有用。一位理财顾问在拓展业务时，事先在报上登了一则广告，说明要举办关于如何选择基金的研讨会。广告上特别说明研讨会名额有限。当已经有10个人报名参加这次研讨会时，他就告诉其他来电咨询的人名额已满，并让他们下星期再来参加。这个办法很管用。人们很喜欢这种有限制的形式，并会认真地对待这些研讨会。整整一个月，他每个星期都在举行这样的研讨会。

这不是一本讲营销的书，所以我们并不打算讨论你应该怎么做，不应该怎么做的细节问题。但是请务必要记住，在选择营销手段的时候，不要一味迎合客户。

他们需要我

你可能会不同意，但我们认为大多数理财策划师都是私底下的社会工作者。我们喜欢全情投入，对每位客户加以指导和劝告，并给出真正能影响他人生活的具体建议。我们每天都会带着充满活力和自信的心情回家。

一切似乎都那么有条不紊，直到有一天，一位老太太走进了我们的办公室。她没有多少资产，只有因丈夫去世、女儿吸毒而引发的一大堆私人问题，而且她对理财一无所知。你知道如果你不帮助她的话，她可能会听从别人的馊主意，然后把她丈夫留给她的血汗钱赔个精光，最后落魄街头，五年后一命呜呼。她可能不符合你的客户定位，说不定连佣金都付不起，但是如果你帮了她，你或许可以送她的女儿去戒毒所，让她的本钱翻一番，她的生活质量也会提高许多。而且这也花不了你多少时间。不过你最好还是现实点。

我们会在职业生涯中做一些有益公众的事情，甚至认为自己是在为一家非营利机构工作。你为了报酬而工作当然是件好事，能为那些你愿意接待的客户工作也不错。但是你必须清楚自己为什么想为他们工作。

一位理财策划师说，她建议所有的顾问在为自己工作之前，都先去一家大会计公司工作，学会记录自己的工作时间，并按小时向客户收费。"按时间收费有助于你学会管理时间，而且学会选择那些你愿意为之工作的客户。"

业绩十分重要

我们以前总是在报告里提供每季度和年度的业绩，几乎每个人都这么做。直到有一天我们开始问自己：在不断宣扬长期投资的同时列出这些短期业绩，会向客户传递什么样的信息呢？这么做确实毫无意义，但来自同行间的压力是巨大的。我们为此争论了好几个月，最终我们接受了耐克的建议"Just do it"（耐克广告词，意为"想做就做吧"），于是我们放弃了短期业绩报告。我们等待着连珠炮式的质问电话，质问我们为什么没有提供短期业绩数据。结果我们只接到了三个电话，都只是问我们报告书是不是漏印了一行。在我们解释过后，他们也觉得那样做是不必要的。

后来我们在季度报告里也略去了有关收益指数的那几页。因为我们觉得，将投资经理的表现与基准进行对比是我们的事情，和客户无关。尽管我们十分愿意也准备好同那些前来询问的客户进行探讨，但始终没有人打电话过来。

客户需要对投资组合理论有全面的了解

一位理财顾问承认，他们公司的人过去常常用投资组合理论把客户讲得晕头转向。他们会向客户解释什么是夏普比率、阿尔法、贝塔，他们甚至还大谈贝塔是否失效了。大多数人都不知道贝塔是什么，更别说知道它是否失效了。再说他们也压根不关心这些问题。这位理财顾问说："我们最终还是把这个规矩放弃了。客户只想知道两件事情：第一，你称职吗？第二，你是否把他们的利益放在第一位？"

她太老了，不会上网的

很多理财顾问曾先入为主地认为不能用电子邮件和那些75岁以上的客户进行交流。我们会给许多客户发传真和电子邮件，但我们曾认为客户一旦超过一定年纪，就无法再接受这些技术。显然，这是一种很愚蠢的想法。这种想法导致理财顾问很多时候都在"自寻烦恼"。

我没有任何教条

我曾用"T"账户来记录隐藏的教条并评估我要引入公司的变革。想要这么做的话，就画上一个"T。"在你审查自己的规程、制度和信条的时候，在左边记下那些有着积极作用的事项，在右边记下那些起消极作用的事项。这样你就能看出不同的决策对你事业的影响了。你要考虑清楚：

- 我们为什么这么做？
- 如果我作出改变，会不会对我们的客户、职责和公司有实际的（积极的或消极的）影响？
- 最坏的结果是什么？

- 最好的结果是什么？

挑战你目前的做法，开创新的解决方案和制度，这样你的事业才能充满活力、蒸蒸日上。

唯一需要遵循的教条

牢记你的根本所在。记住到底是什么把你带到这个行业中来的。就我所知，答案并不是钱。我们不是小看钱，我们只是认为，我们都非常喜欢这样一种独一无二的影响他人生活的方式。我们喜欢这样的使命陈述："提高我们客户的生活质量。"注意我们并没有说"提高客户经济生活的质量"。如果你认为你的工作重心正从管理客户转向管理投资组合，我们劝你赶快回到根本上来。

第10章

企业定位与公共关系

  成功的市场营销不应该是闪电战似的集中起一大堆人,并把同样的东西卖给他们。好的市场营销模式是一次为一名客户提供一系列的服务。对理财咨询业来讲尤其如此。好好反思一下你的业务,它毕竟是建立在个人关系上的。

  你要了解客户,教育客户,管好客户的钱,帮助客户达成自己的目标。我们花了很长时间让人们相信他们是独一无二的,他们的目标和别人的不一样。事实上,20年前理财咨询业使用的一段标准台词便是:"既然你不会照着邻居的处方抓药,那你为什么要接受和他一模一样的投资建议呢?那些对他有好处的东西不见得对你也会有好处。"不过,一旦潜在客户变成了真正的客户,我们就开始把对待其他客户的那一套拿来对待他。比如给他制订与其他客户的计划书完全相同的理财计划。给他的投资建议和其他客户的无二,交给他的报告也和给别人的完全相同。理财咨询师为之辩解道,提供标准化的服务是为了让每个客户都能接受最好的服务。此外,理财咨询师还可以通过这种"批量生产"为更多的人提供帮助。就这样,整个理财咨询业把非常私人化的独特关系标准化、制度化了。理财咨询师的服务是个系统,客户则被这个系统加工。亨利·福特的第一批顾客可以买到任何颜色的车,只要它是黑色的。同样,我们的客户可以得到任何服务,只要是我们提供的。

  一位理财顾问告诉我们,他最多可以接受50个客户。当客户的数目接近这个数字的时候，他要么评估自己的客户群，看看有没有不再需要指导的客户退出来，要么停止接受新客户。"我很早就意识到，为了保持效率，我只能处理这么多的客户。只要他们是我的客户，我就有责任照顾他们个人生活的方方面面，而不光在财务方面。"

另一位理财顾问解释了她的公司为什么会选择小规模经营。她的客户群是由情况和需求都比较相似的人群构成的，但她与每位客户的关系都建立在客户个人所需要的服务和支持的基础之上。她说："从某种意义上讲，我的客户群限定了我的服务范围。"

对事业充满信心

我们并不是营销高手，我们所认识的许多顾问也不是。但我们有两件法宝。首先，我们对自己提供给客户的服务有信心，而且正因为我们能把我们的信心传递给客户，客户也很信任我们。其次，我们在不断地调整自己在客户、潜在客户以及媒体心中的定位。

一位专门经销家用塑料制品的营销专家告诉我们："当你对自己的产品充满信心的时候，它不是被卖出去的，而是被买下来的。"我们将这个理念带到了服务之中。我们的客户为我们的专业技能和建议而来。我们曾为回答与业绩相关的问题而犯难。业绩对短期投资经理来说算不得什么，他们只需要尽量提高投资回报率就可以了。他们只要进入排名前十的基金经理行列，哪怕只有 10 分钟，也能为自己赢得美名。但是我们却不太肯定应该如何证明自己的业绩。我们拿出各式各样的资产收益数据，试图说明整体表现取决于每种资产在投资组合中的比例。这真是个糟糕的回答。我们的客户想要具体的数字，而我们却在向他们解释理论。

如今我们会这样回答客户的提问："如果你愿意选择我们，我们希望你明白当前业绩并不是衡量投资组合的基本标准。我们希望你明白长期收益的重要性以及这些收益会如何帮你达成目标。这样你的投资组合不就是成功的组合了吗？"我们坚信自己的服务能让客户睡得安稳，同时达成他们自己的目标。我们并不对业绩或投资表现与市场表现间的比较作出承诺。事实上，当某种资产表现极佳时，我们可以承诺整个投资组合的表现比不上这种资产。资产配置不是为了最大化客户的总收益，而是为了帮助客户实现自己的目标。从第一次会面开始，我们就承担起了把这个理念传达出去的责任。我们相信这样做能改善客户的生活。

一位理财顾问告诉我们，他的坦诚有助于客户形成良好的预期。"当别人也知道你所知道的，事情就会变得大不一样。我们和潜在客户们一起坐下，告诉他们我每一次把事情搞砸的经历。我想让人们知道，他们是在和有血有肉的人打交道。"另一位理财机构的合伙人则会告知那些需要转移大额账户的新客户："投资期间，有的转账可能很糟糕。但是我保证我们会监督整个过程，尽量在最后使得一切顺利。"还有一位顾问会针对客户的预期提问："如果 5 年后再回顾我们之间的合作，到底会是什么因素带来成功的呢？"

提升整体业务而非核心业务

快餐业巨头麦当劳最出名的一句标语是"你今天得休息一下"，而不是"你今天得吃个汉堡"。尽管食物是麦当劳的核心业务，麦当劳也提供玩具、游乐场地以及让人从一天的忙碌中解脱出来的和谐氛围。类似地，成功的顾问会指出，他们不只是从事投资顾问业务。一位理财顾问在其理念陈述中开篇就提到："我们把健康定义为你所有资源的和谐一致，包括财务、情感、身体和精神。"优秀的顾问从不把自己的业务限定在客户生活的某一方面。比如，有位理财师称自己是"生活方式顾问"；还有的把自己描述成"客户的私人教练"；一些理财师把自己定位成"生活顾问"。聪明的顾问知道客户的财务生活和生活的其他方面是密不可分的。成功的顾问总是能将这一理念融入到自身业务中去。

下图说明了你应该怎样在市场中定位自己。这幅图显示了联邦快递公司的核心业务和附属业务。可以看出，联邦快递不仅把自己定位为一家从事隔夜运输和包裹递送业务的公司，它还从事商业支持业务。

联邦快递的核心业务和附属业务

外圈：建议和信息、订单接受、供应、保险、接收、建档、跟踪、账单报告、问题处理

中心：隔夜运输和包裹递送

在纸上画出你自己的圆圈，把你的核心业务写在中间，然后在外圈列出你所有的附属业务。暂时忽略你的核心业务，回顾一下你给客户提供的所有附属业务，试着制作一份附属业务报告。这个练习能让你从全新的角度来定位你的业务，让你学会从客户的角度来审视问题。

一位理财机构的负责人给我们讲了这么一个故事：

几个月前，我的合伙人要连续做两场演讲，一场在东海岸，一场在西海岸。到了旧金山之后，他发现自己没有带接下来在新泽西演讲的预备稿。那天是星期六，我需要在星期天把讲稿送到他手上，以便它们能在周一的演讲上派上用场。我给联邦快递打电话说明了我的处境。我从他们的代表人那里得到了令人惊喜的支持。他说："我想这事我们能办到，我们在内瓦克机场有周日递送服务。他路过内瓦克吗？"我松了口气说路过。

他说"那好办了,他是某个航空公司俱乐部的成员吗?""是的,他是美国航空旗舰俱乐部的成员。"他又说:"太好了!这个俱乐部在内瓦克机场有一个分部。这里是你所在城镇的联邦快递地址。你把你的包裹在下午七点前送过去,写明航空旗舰俱乐部在内瓦克的地址。然后你给俱乐部的人打电话,让他们等着接包裹,并在你的朋友到来之前保管好它。你的朋友从旧金山飞到那里的时候就可以顺便把东西拿走了。"

这位负责人感叹道,联邦快递果然不只是做隔夜包裹递送业务,而且员工对这一点也心知肚明。

我们并不是说你应该为了提供建议和帮助而丢掉财务知识和专业能力。下面我将表明我不是这么看的。毋庸置疑,理财策划是你的核心业务,你一定要把它做好。麦当劳的汉堡包美味可口,联邦快递的包裹投递也快速高效,不然这两家公司根本无法生存。你只是不必把核心业务当作唯一的业务。

认清竞争对手

曾有人问嘉信理财的董事长戴维·鲍特鲁克,谁是他的竞争对手。令人吃惊的是,他没有说富达或杰克·怀特公司。"美林。因为如果美林公司想要进入这个行业的话,其规模之大,会在一夜之间占领整个市场。"

你的竞争对手也许并不在醒目之处。你需要开阔视野,看清楚它们是谁,这样才能未雨绸缪。一家理财机构的负责人曾告诉我,对他们的企业来说,竞争对手并不是其他顾问,而是一家当地的信托公司。这家信托公司有100年的服务传统,有摆放着精美瓷器的私人餐厅;他们收费很高,收益一般,但他们的服务令人难忘。相比之下,理财机构虽然无法提供高档的私人餐厅,但他们有更高一筹的贴心服务、对客户无微不至的关怀和一家就在附近的高档美食店。

巧妙地定位和促销

去年我收到一本邮寄来的小册子，有20页，内容是如何写出优秀的商业计划书。最初我没有留意是谁寄来的，也不关心这事。小册子上有一些有用的信息，因此我把它放起来准备以后看。后来我收到了另一本册子，这次是关于招募新人和辞退员工的。然后我又收到了一本关于设计办公室空间的，接着是一本关于继任计划的。我开始认真地阅读起这些小册子来。它们写得很棒，是一家基金公司寄来的。这家基金公司雇了专家代笔。在每本小册子的最后一页都有邀请我合作的简短说明。小册子里并没有任何对他们自己理财有方和不俗表现的吹捧。我确信他们有这样的材料，但他们没有发过来。通过这些小册子，他们巧妙地告诉我，他们没有把我当成他们基金的分销商，而是把我当作互惠的合作伙伴。这样的定位相当有力。我之前从没有留意过这家公司，但我决定以后若有机会可以拜访一下他们。若你的服务定位与众不同，你的潜在客户也会受到巨大的触动。

巧用公共关系

我认识一位媒体曝光度极高的理财顾问。他之所以能做到这点，是因为他花了不少心思与媒体保持关系。他广受欢迎是因为他懂得"15秒法则"。这位理财顾问说他在几年前发现，为了和大公司竞争，必须要提高曝光度和知名度。广告当然可以提高曝光度，但广告价格极高，而且我们这行不适宜大谈自己的名声地位。他想到的接触媒体的最好办法就是写信给他们。于是他开始给个别记者写信，对他们的专栏进行评论。如果他在媒体上找到了感兴趣的话题，他就会写信给记者称赞他们的努力，然后附上一些评论，推荐一些他们可能会感兴趣的相关故事，同时显示自己对这个话题的了解。收到他信件的记者会把他的信归档以备参考。

在开始接到媒体的电话后,他意识到他的谈话要有思想,切中要害,容易记住,这样才能吸引更多的电话。有一天看早间新闻节目时,他突然意识到最佳受访者把每句话的长度都控制在15秒左右。他们的谈话听起来很有见解,还包含着丰富的信息。这些要点在和平面媒体打交道的时候也同样重要,因为记者通常都面对截稿日期和版面限制的压力,并且必须要保证信息量。

他还想到自己不可能成为每个领域的专家,但可以成为不错的信息来源。他花了大量时间与精力,整理出一份其他金融服务领域的专家及其专长清单。如果他接到的电话问及他不熟悉的事情,他就会提供别的人选。不久,受截稿日期所限的记者就纷纷打电话来获取信息了。

公关计划

不是每个人都能认识到良好的公共关系的价值。良好的公共关系对事业发展至关重要,但也确实很花时间。如果你想培养与媒体的关系,你需要制订出公关计划。该计划需要包含以下信息:

- **企业介绍**。你是谁,你的特点何在?
- **公共关系目标**。你想如何影响公众意见?
- **现阶段的公众形象**。你在现阶段有着什么样的公众形象?
- **预期的公众形象**。你希望拥有什么样的公众形象?
- **目标受众**。你想影响哪些人?
- **制订战略**。为了完成计划,你将采取哪些步骤?

在制订好计划后你还需要采取一些具体的措施:

- **评估你的公关能力**:你的书面写作和口头表达能力怎样?
- **设计媒体包**:包括你的简历、你的公司及主要负责人。
- **整理媒体列表**:就是那些你想接触的人。不要只利用图书馆里的书。你想接触的人会阅读哪些书刊，观看和收听哪些节目，你也应当去阅读，观看和收听。留意是谁在写这些故事、做这些节目。

- 加入一些行业组织和服务机构来提高曝光度。
- 投入一些时间和精力到地方和全国性的专业组织中。这样能帮助你宣传你的专长，并吸引业内的媒体。
- 通过举办讲座和研讨会来锻炼你的演讲能力。

磨炼公关技巧

在做了这些准备之后，你还需要决定在接到第一个电话时应该怎样表现。为和媒体保持良好的关系，有必要采纳以下建议。

- **了解大众**。读客户可能会读的一切。你要对大众的阅读和思考习惯了如指掌。你对媒体的价值就在于你将公众感兴趣的话题和你自身的专业见解结合起来的能力。
- **随时恭候**。为了能及时接受媒体采访，你需要配备移动电话，这样你的员工可以在媒体来电时随时通知你。记者大都需要"现在就行"这样的答复。如果找不到你，记者就会采访别人了。
- **保持专业**。不要发表对同行的负面评价。
- **做好准备**。一定要问清楚记者是不是有截稿日期。如果你不方便立刻接受采访，约好稍后的面谈时间。
- **诚实守信**。如果你不清楚，就不要随便回答。可以问一问记者是否需要你帮忙找一个知情的人。如果他/她同意了，马上去做。如果事情没有办成，马上让记者知道。
- **清楚简洁**。记者没工夫听取长篇大论。如果他们想听这些，他们会告诉你的。
- **善于辩论**。勇敢地说一些值得听的话。如果你真是专业人士的话，你一定要对专业问题有自己的看法。发表观点后就要做好捍卫自己意见的准备。

- **新鲜有趣**。一针见血的评论更有可能被发表。如今的新闻报道不但注重知识性，也很注重趣味性。建议投资者低买高卖的陈词滥调只会让记者去采访别人。
- **尊重隐私**。未经客户允许，不要公开客户的细节和境况。
- **考虑周详**。不要说一些你并不愿意公开的话。如果你要以"这是题外话"起头的话，那你最好什么也别说。
- **尊重对方**。优秀的记者也是专业人士。要相信对方比你更清楚他们自己的专业，不要试着说服他们转换话题。记者知道为什么问这些问题，而你不知道。
- **客观现实**。即使被采访到了，你也不一定会出现在报道中。生活不是绝对公平的，但是如果你有耐心，就能取得应有的收获。
- **积极回应**。如果你的话被歪曲，考虑一下你是否应采取进一步的行动。你有两种选择。你可以略过这件事，发誓以后不再和这个记者来往。你也可以写一封没有敌意的信："谢谢您对我想法的关注。但是可能我并没有很清楚地表达自己的看法，因为您文章里引用的内容并不是我的观点，我其实是想说……"

第 11 章

企业转变

在理财机构逐步走向成熟的过程中，策划师很可能需要应对两种转变之一。其中一种情况是将薪酬结构从佣金制转变为单纯收费同佣金相结合，再从单纯收费同佣金相结合转变为单纯收费制。第二种情况是将相关专业领域内的收费制事务所（如会计师事务所或律师事务所）转变成经营资产管理业务的顾问公司。

一位理财顾问刚刚经历了工作方式的巨大转变，从佣金制转变为单纯收费制，他告诉我："这对我而言是一个很重大的转变，我做了很大的思想斗争。促使我作出决定的关键时刻可能是我注视着价值150万美元的人寿保险保单之时。当时我问自己，如果我将离开人世，我会希望由谁为我的妻儿提供理财建议。说实话，我会选择一位采用单纯收费制的顾问。我相信那个人能忠实可靠、积极负责地协助我的妻子实现其余生的目标。"这位理财顾问感到，佣金业务的本质及其对成为"永久性营销机器"的需要，可能会对形成密切的咨询关系造成阻碍，影响顾问为自己喜欢的客户提供服务。"佣金制下的工作就好比是橄榄球比赛里的四分卫，这个位置需要最好的选手，这个选手却会在比赛结束前离开赛场。我希望那名选手能一直参与其中，直到比赛结束。如果我根据单纯收费制向他付费，我相信他会这样做的。"

在向单纯收费制转换的过程中，理财机构会面临各种各样亟待解决的复杂问题。本书已在第2章就企业结构的有关问题进行了讨论。通常来说，向单纯收费制的转变可能会涉及如下一些问题：

潜在优势
- 将会形成可靠的收入来源。
- 能从经纪或代理的关系中独立出来。
- 这种类型的理财机构更容易受到媒体的青睐。
- 可以灵活地选择投资工具并进行报告。

风险
- **较少的收入（至少在最初）**。在美国，有人曾对佣金制和单纯收费制下的收入作过粗略比较。在佣金制理财机构中，价值10万美元的投资将会带来大约4 000美元的预付佣金。但在单纯收费制的情形下，假设基础费率为1%，按季度收费，在这种情况下，最初的收入将会是250美元。对现金流规划而言，这两者之间存在着很大的不同。一位理财顾问说："收取佣金毫无疑问能帮助你在交易基础上赚更多的钱。但是，在单纯收费制下，你能发展出更加长期的客户关系，并会在更长一段时间内因这些关系而获得收入。"
- **更多的责任**。客户会更清楚其账户的变动情况，他们从每个人（也包括你）那里获得报告，你每个季度都会将业绩表现呈现在他们面前。同时，收费也比佣金更好辨识。
- **更多的服务**。你可能需要提供更多的服务和礼节，同时还应该更多地同客户进行交流。

在监管机构注册

如果你希望采用收费制，但尚未在监管机构注册的话，你应该马上着手这项工作。下面列出了一些在注册过程中可能会遇到的问题：

- **顾问服务**：你的业务中有多大部分是受监管的，你是否采用任何低买高卖的方法。

- **收费**：你如何计算收费，客户可否延缓支付，客户在什么情况下可以终止合作并获得退款。
- **客户类别**：个人客户、家庭客户、养老金计划、捐赠。
- **你向客户推荐和建议的投资类型**。
- **分析方法**：基本分析、图表分析、周期分析。
- **研究信息的来源**：年报、报纸、时事通讯、网站。
- **投资策略**。
- **审查**：你提供报告以及会见客户的频率有多高。

收费与最低资产额

你可以按小时数、项目、管理资产、净值或上述标准的任意组合来收费。大多数采用单纯收费制的策划师在首次提供策划服务时会按综合标准收取项目费，之后再按管理资产的价值收取一定比例的收费。

如果你选择基于资产收费，你需要明确自己在这种收费安排下能够接受的最低投资额。正如前文曾提到过的那样，你需要稍微计算一下。延用前文的数据，如果你的客户有 10 万美元用于投资，而你使用佣金制，你的佣金率可能是 4% 或 5%。如果你采用收费制，假定费率为 1%，你每年可以赚取 1 000 美元。如果你每个季度收一次费，那就是每季度收取 250 美元。在这样的基础上，你又能为客户提供多少服务呢？

假设某理财机构最初设置的可投资资产最低额是 10 万美元，这个数字不是根据任何原理得出的。之后该理财机构决定对自己的客户群进行分析，并明确表示要通过慎重思考来设定目标最低额。他们决定首先进行成本分析。在考虑了空间成本、报告成本、运营成本以及合理的所有者工资的情况下，维持一个客户关系的年成本为 3 000 美元。因此，在 1% 的年费率下，资产最低额是 30 万美元。

计算中十分重要的一点是，要把合理的所有者工资包括进来，因为你需要不断在客户关系上投入时间。理财机构如何制订费率这一问题存在着很多争议。有些理财机构根据管理资产的数额来收费，并把已付的费用视作预收费。一些顾问基于净值来收费。这样做的理财策划师承认，这通常会受到高净值客户的反对，这些客户拒绝基于并非由顾问创造的净值来付费。另一方面，这也的确有助于顾问将服务重心从业绩上移走。一位理财顾问承认，在他最初基于净值收费时，他的一些客户对这种安排感到不适，但客户最终接受了这一安排。"这种收费方式能够让客户认识到我们除资产管理外能够提供的价值"。

投资选择

众所周知，成为独立的单纯收费制理财策划师，意味着你能获得更大的投资灵活性。事实上，尽管你的选择或许会有所不同，但可以肯定的是你的选择将会减少而非增加。围绕无收费基金设计的投资组合具有更强的灵活性，因为你能够在需要的时候重新调整投资组合，而基本不需要考虑罚金或者收费。另一方面，无收费的年金和保险的选择余地却十分有限。如果你热切希望完全采取单纯收费制，并且不准备维持产品销售许可，那么这种有限性会表现得更为明显。

投资策划

制订投资政策，优化投资组合，制订投资标准和选择基金等问题显然不在本书的讨论范围内。对这些问题，读者可以从其他专著中寻找建议和支持。

选择托管伙伴

在单纯收费制下，你将需要选择一家托管商来处理客户的资产。在选择托管伙伴时一定要深思熟虑。不力的后台运营可能会摧毁客户对你和你的公司的信赖。在作决策之前，你需要考虑以下问题：

- 开设账户的方便程度如何？需占用多长时间？你能否从网上得到表格和服务？
- 分销管理水平如何？如果你的客户需要账单，你帮他拿到的难度有多大？
- 资产转换的程序有哪些？托管商是否会估计所需的时间和工作量，并让你时刻了解工作进展？
- 数据传递方式是怎样的？绝大多数托管商都拥有自己的专用软件，这些软件可以连接到一些主要的投资组合管理软件。托管商的软件能否与你使用的软件连接起来？可靠性如何？
- 如何实施交易？你能否以电子途径实施大部分交易？
- 收费如何？交易成本如何？
- 有什么其他的支持？一些公司拥有推荐人程序以及可观的非财务支持（例如，当你达到更高的生产水平时，就能得到新的服务或设备）。
- 托管商是否将所有投资投入了你所建议的领域中？询问它们关于新增基金的政策。
- 如果你利用私人证券公司，其进行交易操作的员工的背景和教育水平如何？
- 托管商在保护其机构客户免受零售市场冲击方面的效率如何（它们是在帮助你培养市场，还是在培养你的客户）？
- 你是否满足托管商对目标机构市场的要求？它们是否希望你成为它们的客户？

合理进行客户转换

如果你作出了转换为单纯收费制的决定，就要作好面对客户流失的准备。有些客户未必适合这样的转换，而其他客户可能会对新的收费安排感到不快。

不妨拿房地产业作类比。如果我们希望修复一栋楼房，我们会设计一套渐进式修复计划。先停止1/3的租约，并在停止出租的这1/3部分上启动修复工作。其余的2/3能够为我们带来一些租金收入，所以我们不至于挨饿。当最初的1/3完成之后，将这些空间出租出去，然后开始在第二个1/3部分上展开工作。这就是我对收费转换过程的建议。

有转换过程中，一位理财顾问从同她的大客户进行单独会面入手。她回顾了他们的目标、目的以及投资组合，然后解释道，她从此以后会实施一种不同的薪酬方案。她说："这看上去进展顺利，客户们通常会在最后问我：'我需要做什么事情以维持我们的合作关系呢？'"同时，那些仍然在佣金基础上同她合作的客户并不会受到影响。

如果你计划转换为完全的单纯收费制，你应当先识别出那些不适合这种转换的客户。你需要确定，你能在小时收费制还是项目收费制的基础上维持好客户关系。不论在哪种情况下，你都需要列出就你所知能将这些客户接纳为新客户的顾问。

客户转换

一位理财顾问总结说："在我决定转换为单纯收费制的时候，我同我的一位大客户进行了会谈，向他解释我已经决定改变我的薪酬结构，并告诉他新的收费将会是怎样的。听到16 000美元的收费时，他的脸刷地变白了，而在采用佣金方案的时候，他觉得似乎没有支付任何东西。这是我所做过的最为艰难的销售。在我第二次进行客户转换工作的时候，我先告诉客户我们公司将增加服务的决定，并将这些计划增加的服务一一列出。我向他阐明这些新的服务能够使客户获益。之后，我计算了我过去收取的佣金，并将佣金同即将实行的收费进行比较。这次的进展要顺利很多。不过，我从中学到的一点就是，不是所有的客户都喜欢改变。你需要做好放他们走的准备。"

双重关系的处理

你需要清醒地认识到，如果你选择同时与经纪自营商和托管商维持关系，那么你需要同经纪自营商就转换方案进行讨论。这方面有一些监管限制。例如，不论你的收入来源于佣金还是收费，你的经纪自营商都要对你负责，因此经纪自营商可能希望部分参与你的收费制业务。你要确保自己在真正转换薪酬结构前理解这一要求。

对你自己的投资

利用转换报酬结构的机会来创造新的公司形象，或者考虑使用新的公司名称以及新的宣传册和信纸。不论你是否愿意，你的很多客户在过去都将你视为销售员，而非顾问或策划师。新的营销材料和信笺抬头能帮助你改变他们对你的固有看法。

会计业务向理财业务的转化

到目前为止，我们所有的讨论主题都是现有理财顾问公司向不同的业务模式和报酬结构的转换。许多拥有多种技能的其他专业人士近来也在关注理财行业。据报道，数千名注册会计师将会在几年内进入理财策划及资产管理业。注册会计师大都拥有牢固的客户关系，他们为这些客户提供税收筹划服务，因此也能较为方便地涉足理财策划和投资顾问领域。注册会计师有专门的策划师认证，即个人理财专家（PFS）认证，而且许多人已经取得了注册理财师（CFP）认证。

很多人已意识到，会计这一职业正在发生改变。注册会计师正在寻找新的收入来源。许多会计师希望能为他们的现有客户提供更多的服务。更何况，注册会计师拥有公众的信赖。

很多注册会计师在体验了单纯收费制的职业之后，正在涌入佣金业务。也有注册会计师决定维持单纯收费制。一位同时拥有注册会计师、个人理财专家和注册理财师认证的理财顾问说："我们的合伙人不希望承担更大的责任。我们的客户已经习惯了单纯收费制，我们相信他们更乐于继续采用这一方式。"

最大的障碍之一就是进行委任。一家会计师事务所的合伙人最近成功地进行了业务转化，事后他说："投资业务必须由全职工作人员负责。我们分派了两位合伙人来负责理财策划以及投资顾问部门。他们不再负责传统的会计业务。"一位美国同行则称："例如，进行理财策划的注册会计师无法再参与准备1040表。我们不仅需要花时间同需要财务策划的客户打交道，还需要花时间来培训自己的合伙人，这样客户才能对我们的工作感到满意。"

分工对大型会计师事务所而言确实是一个好建议。你可以对全部职责进行分配，同时仍然控制所有的会计业务。"如果你是个体从业者，那么最好还是专注于单一的业务领域"。一位尝试进行业务转化的注册会计师说："我通常只为客户提供有限的理财策划服务。如果你只需要处理个人纳税申报单，你基本上能够处理得当。我在向现有客户提供投资建议之初还能胜任，但长期来看脚踏两条船并非易事。"

很多注册会计师将这种工作职能的转变看作具有决定性意义的转变。一位注册会计师说："为我们的现有客户提供服务会让我们永远处于繁忙状态，不过你需要小心处理这些问题。如果你不能处理好这些关系，那么很多东西都会遭受威胁。你不仅会失掉投资业务，还会失掉税务业务。"

如果你正在计划这关键一跃，可以看看下面这些来自过来人的有价值的建议：

- 仔细研究你的选择。目前市场对注册会计师的需求很高，每家经纪自营商和资产管理机构都会欢迎注册会计师的加入。
- 确定哪种薪酬形式更适合于你。如果你在之前的整个职业生涯中采取的都是单纯收费制，那么收取佣金会让自己在客户面前处于不利地位。

- 对你的合伙人进行培训。知识的缺乏以及对于未知的恐惧可能会阻止他们进行转变。
- 对目前的各种关系进行重组，将任务分派给同事，这样你就能够处理好时间分配的问题。
- 如果你未曾受过理财策划方面的教育和培训，就与受过这方面教育和培训的人合作。你不可能是所有领域的专家。

事务所重组的过程中，要尽可能地使用当地资源。当地的研究小组无论作为信息来源还是作为宣传渠道，都非常有价值，他们能够相互提供实质性的建议。不论你是否拥有理财策划或其他相关的专业事务所，你都有必要建立自己的关系网。参加理财策划业的讨论会和大型会议，提出你的问题。这些理财策划与投资团体会慷慨地提供信息与帮助。

第五部分　环境的管理

　　不管你的合伙人和员工有多棒，缺乏效率的后台系统和技术支持将阻碍企业的成长。但是，公司若过分依赖技术，又会发现自己的员工很难跨越学习曲线。这一部分将探讨扩张中的理财机构如何有效地应用软件和硬件，并讨论将业务系统化以赢得成功的必要性。

第 12 章

硬件带来效率

良好的技术支持不仅可以提高公司的盈利能力，还有助于公司为客户提供无懈可击的服务。多年来，我们一直致力于同时有效地使用低技术含量的和高科技的硬件、软件，并通过它们与客户保持紧密的联系。

关于技术的讨论共有两章内容。本章主要讨论具有实体的基础设施。这些基础设施又被进一步分成两类：低技术含量的设施和高科技设施。低技术含量的基础设施包括诸如工作空间、文件和电话系统等；高科技基础设施则包括计算机硬件、外围设备、配件以及电子存储器等。第 13 章将重点讨论软件方面的问题。

低技术基础设施

办公室布局

办公室布局是很有讲究的，以下是一位理财机构负责人的经验之谈。

五年前，我们的办公室布局还相当传统：一些小型办公室围绕着一个小型核心区。这个核心区不但被用做文件室，同时还承担着复印室、收发室以及装订室的职能。每个顾问负责处理一定数量的客户，协助他们开展所有操作性工作，包括制订计划、开展交易和准备报告书。这一工作方法的问题在于，如果某个顾问在其客户需要帮助的时候不在公司，那么也没有其他人能出面处理这个问题。更重要的是，如果一名重要顾问离开了公司，要想在迅速填补空缺的同时让现有客户对新顾问感到满意，那可真是难于上青天。

　　我们那时候也没有做核对和试算平衡方面的工作。如果某个顾问在一项交易上出错，那么可能要到客户下季度的总结出台时，这个错误才会被发现，甚至到了那个时候也未必会被发现。

　　随着理财机构的发展，分工的必要性也越来越明显。我们需要更多地依赖团队工作。为了鼓励员工之间的互动，我们制订了正式的团队协作制度。但是由于办公室布局上的限制，员工不得不在各个办公室之间疲于奔命，忙于找文件、拿报告书、和其他员工讨论客户的要求，这一切简直就是在浪费时间。

　　一天，三位顾问走进我的办公室，希望我将办公室的墙壁打掉。"你可以将整个空间都用于放置办公桌和安排工作区域。这样我们就能节省时间和精力，并使每个人都能及时了解客户的动向。"当天下午，我们就拟定了"超级房间"计划。"超级房间"是一个巨大的区域，其中有固定的办公桌、充足的文件存储空间和工作台，以及大小不等的会议桌。当时我的合伙人认为，一个由若干工作台组成的大型房间会太过吵闹，容易让人分散注意力。但事实上，这样的设计颇为成功，我们还打掉了通往烹饪区的墙壁，将烹饪区合并到"超级房间"中来。房间的四周是一些为紧急会议、工作餐和生日聚会准备的桌子。最初房间里还放置了复印机、传真机、邮票粘贴机以及其他有助于节约时间的机器。但事实证明，这些机器太容易分散员工的注意力，所以被我们放置到了附近一个闲置的办公室中。

　　开放区域的概念并非适合每一个人，所以你需要与员工以及合伙人就办公区域的结构问题进行讨论。在设计办公室空间时，你要把想法告诉那些将在其中工作的人，并与他们展开讨论。让员工提出进一步的建议，以便创造出能兼顾舒适性与实用性的工作区域。

文件归档

　　文件归档制度让每个人都头疼。我们这一行中，有些记录必需保存数年，存档任务也就尤其困难。在美国，理财机构在文件归档方面有比较灵活的选择。比如，一家理财机构将这项工作外包给一家按照他们的要求进行文件存档和文件销毁的公司，从而成功地解决了这个问题。而在过去，理财机构需要租用存储空间，自己动手转移文件。那是件又脏又累的麻烦工作。员工们都不喜欢，合伙人也是一样。只有那些专门租赁存储空间的公司会对此感兴趣。外包的做法毫无疑问更加方便。现在，理财机构只需定期将文档打包装箱，在上面标注销毁日期，然后就可以让存档公司将它们提走，由存档公司负责在销毁日期前对文档进行保存。在即将销毁这些机密文件前，存档公司会给理财机构发一封确认信。存档公司按立方英尺收费。目前，这家理财公司每个月在这方面的花销约为40美元。成本因地域的差异而有所不同。

电话系统的改进

　　语音邮件系统现在已经流行开来，并得到了普遍的认可。许多理财机构都拥有复杂的语音系统，能让致电者在一分钟或更长时间内输入名字，留下留言，然后标注出留言的重要性。
　　关于语音邮件系统的作用，各家理财机构的看法有很大差异。一些理财机构对这方面的技术没有太大的兴趣，因为他们的客户很少会留下语音信息。客户更喜欢直接同人打交道，理财顾问也是如此。这类理财机构对语音邮件系统的使用并不频繁，语音邮件系统主要被用来收集下班时间的留言，以及在工作时间外发布理财机构的工作时间、节假日和员工请假等方面的信息。
　　但另一方面，有些理财机构则认为他们的语音邮件系统不可或缺。一家理财机构的负责人说："我认为这是客户的天性使然。他们可以在电子信息系统下选择直接同我们联系，或是直接给我们留下留言，这样他们会感到舒服一些。对于事务繁忙的客户而言，使用语音邮件系统的效率更高。"

如果你打算安装一套在工作时间运行的语音邮件系统，那么你一定要事先不断地拨打电话，体验一下客户或潜在客户的可能感受，然后询问一下客户是否喜欢这个系统。一家理财机构的合伙人曾告诉我，当他宣布自己的公司将"永远不会安装语音邮件系统"时，其客户顾问委员会对他大加称赞。

"来电显示"功能有时并不能收到理想的效果。比如，我们在接线员的电话上安装了来电显示系统，但是当她第一次接起电话说"早上好，张先生"的时候，张太太被激怒了。来电显示无法使接线员分辨出电话的另一端是张先生还是张太太。不过，它对确认电话号码还是很有帮助的。一位理财顾问说，"来电显示"为她节省了大量时间。"我可以筛出自己想接听的电话，这样我就可以在自己方便，而非致电人方便的时候回复这些电话。"目前最先进的电话系统可能为每一部电话机都安装了来电显示系统。

电话耳机是大受欢迎的最佳配件之一，很多顾问认为电话耳机极具实用价值。耳机使得员工可以在取放文件，录入数据，填写表格的同时接听电话并与客户交谈。这实在是一件非常有效率的小配件。

低技术设备

一些低技术设备的使用往往能收到意想不到的效果。比如，一家理财机构使用螺旋活页夹和热封口装订机来装订计划书和报告文档。他们会在与客户达成合作关系时为客户提供皮质的三孔活页夹，客户可以将理财机构提供的报告夹在其中。这些活页夹的封面有金色的树叶浮雕作为装饰，并印有理财机构的名称和客户的名字。这家理财机构以前都是将活页夹拿到外面加浮雕，后来他们购买了雕刻机，以减少制作活页夹的时间。由于这一做法收到了很好的效果，所以他们继续在其他各种物件上印上了浮雕装饰。他们甚至会在同客户见面之前，在鸡尾酒的餐巾上印好客户的名字。在为客户提供鸡尾酒的时候,这个细节常常让客户印象深刻。

硬件与服务

聘请硬件顾问

对理财机构来讲,聘请一位合适的计算机顾问非常重要。如果你还没有聘请计算机顾问,那你一定要去找一个好顾问,他不仅要熟悉各种应用软件,还要能熟练地操作它们。这方面的投入是物有所值的。

一家理财机构的负责人认为自己是一个熟练的计算机使用者,但他仍然雇佣了一位专业的计算机支持员。他说:"你每天都在告诉人们,为自己做理财策划的时候一定要找专家。你自己也应当采纳这一建议。我们还告诉客户不要只是泛泛地听取不同顾问的意见,而要找到一位值得信赖的顾问(比如我们)。在考虑计算机系统时,你也应该坚持同样的原则,那就是一定要聘请一位好顾问,而不是多名顾问。"换句话说,多元化技术援助的来源绝不是一个好主意。正如一位理财顾问所说的那样:"如果你想让多个顾问互相讨论并达成一致,那我只能说,祝你好运吧。我们会把所有的时间都花在争论上,努力说服彼此,证明只有自己提出的才是正确的方法和最佳解决方案。"我的建议就是:寻找那些值得信赖的优秀人才,不要让成本成为支配你作出抉择的因素。你的企业的确需要一套运行良好的系统。

服务的购买

一位客户几年前去拜访卡迪拉克代理商,他走进展示室,把销售经理带到一辆造型美观的新型卡迪拉克车面前。他指着橱窗上的标签说:"看到标签上的价格了么?我绝不还价,但是作为回报,你需要为我提供最好的服务。当我的车需要维修时，你要立即派出人手，并为我找到一辆暂时替代的车。修好的时间必须与你的承诺一致。即使受理的修理任务已经超出了你的负荷，你也必须接收我的。如果你愿意接受这些条件，那我们可以立刻签署合同。"他总是支付最高的价格，同时也对自己受到的特殊优待夸耀不已。同样的理念也可以用在计算机维护服务上。比如，一家理财机构与计算机顾问签订了一系列服务合同，合同规定计算机顾问要保证在一个小时之内对服务要求作出反应。理财机构为这样的服务付了钱，但这一额外、可靠的服务也相当必要。

　　理财策划行业对计算机的依赖程度高得令人恐惧。很多理财机构指出，到目前为止，技术开支是他们最大的开支。一家理财机构的负责人说："公司创立之初我们制订了一个明智的决策，那就是要在技术上保持领先。这毫无疑问需要巨大的资金投入，但它确保了我们能为客户提供最好的服务。"你的计算机系统应当是迅速、高效而且可靠的。不论你是否精通计算机系统，尽快聘请一位顾问都是明智的做法。

　　购买系统时要记住签署维护合同。你一定会有需要它们的时候。只有幼稚的业余人士才会认为光凭自己的能力就足以解决所有问题。如果你的主营业务不是计算机维护的话，还是花钱签署这项合同并聘请专家吧。

　　如果你正在寻找优秀的计算机系统人员，那就问问其他专业人士都聘用了谁。如果计算机人员同时掌握了计算机系统和理财业两方面的知识，你将能收获更多有用的建议。对计算机系统人员进行面试，要求他们提供证明人，还要让他们就当前情况及如何建立合同化的、持续的合作关系提供一份提案。现在，有很多人都在涉足计算机领域，但这并不意味着他们全都合格且能胜任。

　　由于记录保存、分析和客户数据维护在很大程度上依赖于技术，所以有一些东西是不可或缺的。这里把硬件设施分作两类：必需的和可选的。先介绍必需的硬件设施，包括打印机、冗余磁盘、不间断电源、过压保护器和数据备份等。

必备的硬件设施

打印机

建议选用高品质的低端打印机，而不是那种价格极为昂贵的打印机。可以将这些打印机分散安置在办公室中。比如让其中 3 台打印机处于联网状态，供所有员工使用，剩下的几台则放置在合伙人和助理的私人办公室里，由他们个人使用。

选择打印机的标准是，它必须可靠性强、运行速度快，并能承受较高工作量。一台速度较快的打印机是必不可少的，但你仍需要将"速度"的成本与能节约的时间进行比较。

冗余磁盘

在系统中构建冗余磁盘的方法有很多。只有优秀的技术员才能分辨出哪种方法对你、你的公司及你的硬件系统最好。最好同时将文件写入多个磁盘，这样即使一个硬盘出现了故障，所需的恢复时间也非常短。冗余磁盘不是奢侈品，而是必需品。

不间断电源

不间断电源（UPS）能在电源发生故障时，继续在一定时间内为你的系统运行提供电能。一旦电力供应服务出现故障，UPS 将代替电源继续维持电力供应。

UPS 能使计算机继续运行几个小时，而且如果你需要的话，它还可以在系统发生故障时通过页面警示来提醒你。如果你已经使用了 UPS，还要保证你的网络装有一套停电关机软件，这样你的系统才能正常关机，而不是在电源耗尽的时候关机。突然的非正常关机会毁坏文件。

过压保护器

如果你所使用的不是永久性的互联网连接，不要忘记还要保护你的调制解调器电话线免受电源故障的影响。将电话线插入过压保护器，能让电话线也受到保护。

数据备份

每个人都曾因没有做备份而苦恼，所以我也不必赘述自己的经历了。如果你从未体验过只有重做才能恢复重要数据的彻底无助感，那我只能说你非常幸运。出色的备份系统可以帮助你降低遭受这一损失的几率。根据你的备份设施容量的差异，你可能还需要设计一套复制和存档系统。

定期检查你的数据备份。即使最强大的备份系统也可能出现问题。永远不要自以为数据是完整的。在进行存档前，花几分钟的时间进行修复工作，以确保你能够在需要的时候重新找回数据。

可选的硬件设施

光盘库光驱

由于我们认为托管机构和共同基金公司最终会以光盘的形式来传递报告书，我们安装了光盘库光驱（这是一种能让我们同时安装并读取多张光盘的装置）。我们还能在光盘库里安装一些基于光盘的大型程序。这样，在每个用户都必须用到这张光盘的时候，他们就可以直接访问该程序。需要注意的是，如果你以这一方式进行安装，要确保自己已经拥有一份允许多个用户使用的许可协议。

扫描仪

扫描仪能让你更方便地将图片和数据添加到系统中，而不需要进行手工录入。在处理大批量的扫描工作时，特别是在你要将它们转入电子文件系统的时候，你应当拥有至少一台多页面高端扫描仪。如果你要出版自己公司的业务通讯，你可以在扫描仪的帮助下很方便地加入图片和文章，从而更好地与客户进行交流。

网络硬件设备

尽管网络是用于实现多系统交流的软件驱动式解决方案，但网络配置必须与你的硬件系统设计高度整合，因此这里将展开对它们的讨论。如果你只有一两台计算机，你可能就不用为网络发愁。在需要共享信息时，你只用将数据复制到另一台机器上运行即可。但如果你有两台以上的计算机，那么最好采用网络托管的方式（如果你打算进一步发展你的公司的话）。

即便是比较小的公司也能从网络系统中获益，但不要试图仅凭一己之力学会所有的东西。找一位能够胜任这项工作的专家来协助你建立这样的系统。你需要在同专家面谈前列出一份所需技术的清单：

• 你希望在网络中连入多少设备（如光盘驱动器、打印机、备份装置、传真和调制解调器等）？

• 你是需要一台专门的服务器，还是让一台使用率较低的个人电脑来承担双重任务？

• 你想要一套什么类型的网络连接器？会有多少人连入互联网？

• 你有什么样的发展计划？与其他系统相比，有的网络系统能更方便地进行拓展。

掌上电脑

当你不在办公室的时候，你可以随时从皮包里的掌上电脑中获取任何信息。掌上电脑还能对不同的客户联系方式和项目进程的相关数据进行同步更新，因此信息永远是最新的。

互联网

如果你还没有建立自己的网站，最好从现在开始考虑开展这项工作。有人将网站描述成"虚拟的宣传册"，这正是它们应有的作用。网站应当包含如下一些信息：你是谁，你从事什么工作，以及你为什么要从事这项工作，但不要试图用网站来代替那些同潜在客户和客户进行直接交流的员工。我们发现，网站能替代那些成本高昂的宣传册，从而帮助人们熟悉我们的公司。

首先要做的事情就是锁定你的域名。很多投机者正在购买公司名和产品名的网络使用权，然后再以天价转让给那些希望得到这些名字的人。另外一种缺乏道德的网络噱头是，找出人们输入某个域名时常犯的拼写错误，然后将其变体出售给该产品或企业的竞争者。不论遇到哪种情况，你都能同你的网络供应商携手合作，看看怎样锁定你想要的名字。

接下来，最好找一位网站设计师来帮助你起步。你是否曾注意过打开某些网站要比打开另一些网站慢？打开网站上的每一个小东西都是要花费时间的。那些网络浏览者的设备可能不如你的先进，长久的等待会使他们失去耐心，在看到网站的全貌前就将其关闭。专业的网站设计师明白哪些工具会起作用，哪些不会。建造网站相当耗时，而你本应当将这些时间用在公司和客户的身上。如果你不得不插手这项工作，专家也能给你一定的指引，告诉你如何凭借自己的力量维护其中一些信息。

在设计网站时应秉持以下原则：

- 简单明快。
- 直截了当。
- 会话式。
- 人性化。
- 互动式。

你可能希望客户能在你的网站上看到他们的投资组合信息。一些策划师已将网络访问作为附加价值向客户营销。但要记住，在网站上发布业绩报告书可能会使得客户过多地察看他们的资产。实务中，投资组合每隔13个月会进行一次调整，而这也正是投资者察看投资组合的合适频率。过多的察看可能会导致管理方面的风险。

在选择网络设计商时需要注意以下事项：

- 它们开展业务有多长时间了？有很多公司在网络方面刚刚起步。你需要选择一家具备一定资历的公司。
- 它们是否有固定的办公场所，或者它们仅仅是位于车库中的只有两个人和一条狗的公司？拥有办公场所并非是必要条件，但你确实需要知道是谁在向你提供支持，他们又是如何开展工作的。
- 它们是否拥有理财领域的相关经验？了解你的业务及客户群的人能提供额外的建议。
- 业务的初始收费和后续维护费总共有多少？互联网服务、咨询服务以及网络支持服务的收费加起来可能会相当可观。

连接到互联网

你可以采用多种方法连接到信息高速公路上。对你而言，最好的方法取决于你的习惯、成本以及你所能获得的资源。你同样还会考虑自己是否能从托管机构那里下载客户数据。如果你还没有为这个目的而与它们联网的话，你或许需要同它们协商以获取建议，或许最常用的工具是简易的老式电话系统（POTS）。你可以利用调制解调设备（调节器/解调器，可以将计算机信号转换为能够通过电话线进行传输的编码）通过电话线进行连接。现在你已经能够买到不同转换速度（波特率）的调制解调器。

硬件的更新换代

任何人都不可能紧跟当今世界的技术潮流。事实上，当你刚买下一台新计算机，恐怕它就已经过时了。尽管所有人都希望购买最高等级的硬件设施并不断对其进行升级，但也没必要在计算机世界中过于追求领先。否则你的开支将会大大超过正常水平。在最新的奔腾处理器刚上市的时候就购买，与等待6个月价格（和需求）下降后再买相比，前者的价格是后者的3倍。稍微冷却一下你希望拥有最新最好的硬件设施的热忱。要知道在这场赛跑中，你永远无法取胜。你的目标并不是拥有最新的硬件设施，而是拥有最高效的公司。

第 13 章

软件带来盈利

技术正在极大地改变我们这一行的面貌。但是，用于节省时间的技术同样可能造成时间、人力和金钱等资源的浪费。世界各地的理财顾问都对此表示了同样的忧虑：不存在可以帮助我们提高效率的整合系统。

毫无疑问，在理想状态下，个人计算机中的软件程序应该是工作有序，能提高生产效率的工具。你可以一次性地手动输入或者自动提取数据。问题是，现实中如何实现这种理想状态。

目前要整合所有软件的唯一选择就是自己设计部分软件。一些理财机构雇用专门的程序员来整合各种投资组合管理软件，从而可以利用从投资组合管理软件中获得的数据来编制客户报告和图表。但不幸的是，这个过程可能成本高昂并且很耗时间。试图自己整合软件的最大弊端在于你要依赖于程序员。为了进行系统维护和升级，你需要和相关人士建立长期关系，不然你就要雇用一位程序员或系统管理员。如果这样做的话，我可以告诉你，你就是在用钱填一个无底洞。

合适的软件能提高整个公司的运作效率，让你能花更多的时间在客户身上。但如果这套软件崩溃了，或者不能有效地处理数据了，你可能就要浪费数天或数星期的时间。为了适应一套新的软件，你甚至要花掉好几天的功夫。程序越复杂，要学习使用软件的人越多，攀越学习曲线就会越困难。

不少理财机构表示，他们曾多次购买功能强大的大型专用软件，但总是等到员工必须使用的时候，才会把软件介绍给相关人员。一位理财顾问告诉我，有一年，他们买了一套十分复杂的综合性理财策划和资产管理程序。它的操作并不是那么简便，尚未让员工参与评价，负责人就把它买了下来，并把它带回了公司，告诉员工："用这个吧。"员工们看了看，一致认为它除了会使现在的工作变得更加复杂之外，简直一无是处，然后就把它丢掉了。

很多理财顾问都承认有过类似的经历。其中一位顾问的话很有代表性："老实说，我们用的是旧软件，尽管我们知道如果我们有所改变的话，事情将会变得更有效率。但安装新软件意味着我们必须面对陡峭的学习曲线，我们都不喜欢这点。"

本章会提供一些软件支持方面的建议和想法，帮助你提高盈利能力，提供有序的服务。希望这些想法能让你朝着我们都十分向往的理想的技术世界走得更远。

电子数据存储

前一章讨论了不完善的归档技术可能带来的问题。现在，让我们看看未来以软件为基础的解决方案，以及当前理财策划顾问在这方面取得的进展。

一家理财机构的经理决定要在公司实行无纸化办公。她为此专门考察了扫描仪、文件扫描企业、软件、硬件等一切她认为要达成这个目标所必不可少的东西。当她把这个想法告诉合伙人时，大家都惊恐地望着她，老实说，合伙人还没有准备好放弃纸质的客户档案。她提醒道，公司将会拥有一套逻辑搜索工具，也就是说，可以利用单词组合找到所需的信息。她还建议说，这样做能把现在用来存放档案的地方腾出来用于办公，而公司一直都希望办公空间能再大一点。她继续解释说，如果不这样做的话，为了适应公司不断增长的业务，公司必须买下新的、更大的文档柜，并建造新的搁板来安置它们。她做了一番关于无纸化办公的精彩陈词，但合伙人还是买下了新的文件柜，并建了新的搁板。尽管合伙人知道他们很快就得着手无纸化办公了，但他们现在还没有作好放弃有形文件的准备。

一位知名理财顾问花了大量时间来研究文件扫描和存储方面的硬件和软件，他还专门评估了作出转变的成本。他说："真正的成本并不是对硬件和软件的投资，而是转变所花的时间。"他的这一观点得到了很多理财顾问的响应，有理财顾问反映说："我们花了整整一年的时间来转换我们20年来的数据，我们至今仍在做这方面的工作。但另一方面，如果你手头有一套系统，你能省去大量数据检索时间。"无纸化办公最终还会影响理财机构的盈利能力。不过，不是所有公司都能从中受益。规模只有5~10人的公司获得的便利不会像10人以上的公司那样大。但是，有了电子存储系统后，理财机构所需的人手会大大减少，必需的办公空间也能减至原来的40%。电子数据存储可以降低管理费用，减轻理财机构对初级人员的需求。

一些理财机构成功地实现了办公无纸化。比如，购买一台可进行多页扫描的重型扫描仪，在每个雇员的桌子上安装一台扫描仪。所有文件要么被很方便地扫描归档，要么被丢弃。这些理财机构巧妙地解决了一直让人头疼的转换问题。"我们决定该系统主要用于处理未来业务，但也能在必要时找到历史数据。我们把经常用到的文件转换为电子格式，而那些不用的文件则放在一边，直到我们可以合乎程序地销毁它们。"仅转换部分文件可能会降低系统的可靠性，但也大大减轻了转换负担。

在电子数据存储方面，最关键的决策在于如何定义你的文件归档系统。一些电子归档系统公司会提供设计服务，当然价格也很贵。有些理财机构倾向于使用提供这项服务的公司。"他们知道如何最大限度地利用系统。这个钱花得值。"另一方面，如果你现有的归档制度很完善，那么转换为电子系统也就会较为顺利。毕竟你比别人更清楚怎样组织自己的文件。

如果你正在考虑实行无纸化办公，一定要权衡你的成本，同时考虑需要花费的时间和最终能实现的节约。

- **评估你的物理空间**。新设备需要多大的空间？撤去文件柜之后能节省多少空间？

- **估计一下你能节省多少人力**，但不要想着彻底不要文职人员。你不能这么做。在我们这一行，海量扫描是一项永远不会结束的任务。
- **采访四五家公司，不要急于作决定**。你要面对的是一项在成本和转换时间上花费甚大的工程。不管新公司的前景怎样让人心动，你都应三思而后行，并且一定要选择那些有经验的专业人士。
- **确定你的员工会热情地接纳这一过程**。如果员工还是钟情于纸质文件并感到有保存纸质文件的必要，那么无纸化的努力无异于浪费金钱。
- **不要试图简单化归档设计**。要想获得成功，你要把这一过程考虑周全。一旦你接纳了某种结构，再改变可就难了。
- **谨慎选择硬件**。你还需要什么样的硬件？计算机存储设备越来越便宜了，但是请记住你要有计划地扩张，所以要选择能与你的事业同步发展的系统。你可以考虑闪存磁盘、CD 库或者其他能够方便数据提取的系统。
- **选择操作性强、灵活性高的软件**。软件要能提供关键字搜索功能，并能生成定制化的客户报告。
- **你是否使用光学文字识别（OCR）**？OCR 可以帮助你用任意文字处理程序对数据进行操作。当然，这会使你的系统更加昂贵，但也能让你对文档中的每个字进行搜索。也就是说，你可以获得关键字搜索功能，每份文档都被赋予一些关键字以方便文件的提取。

理财机构的发展方向必然是无纸化。随着技术的进步，有一天我们将不再需要办公空间和人手。我们只需要极少的纸质文件，加上硬盘里的数据、笔记本电脑、手机和传真机就能办公。

杀毒软件

用来保护文档的程序也是必需的软件之一，特别是你或你的员工需要上网的情况下。杀毒软件运行于系统之中，每天进行若干次自动扫描。由于每星期都会有成百上千个新病毒产生，因此你需要不断更新你的病毒扫描软件，以免系统发生瘫痪。如果你需要从互联网上获取数据和文件，更要注意这一点。几乎所有的软件更新都可以直接从网上获取。

备份软件

手工进行备份操作简直是痴人说梦。此外备份也会因为人的参与而变得不可靠。安装自动备份程序并让它们在夜间运行，这样做就省事多了。

拥有好的备份程序和备份流程对理财机构来说至关重要。但是，不论你用于备份的硬件和软件多么好，如果你只把它们存放在办公室而那里又遭了火灾、洪水或别的自然灾害，那么你的文件就都毁坏了。确保你在别的地方也有一个存放磁盘的备份系统，而不仅是在办公室里。

理财策划软件

至于业务应用软件，我会选择那些历史悠久的大型企业的产品。若选用了那些可能会变得过时和没有售后支持的大型应用软件，你将付出沉重的代价。你必须找一家在这个行当里有些日子的公司，并问一问他们有哪些修改计划和升级计划。

理财策划软件应当有足够的灵活性，能够帮助你解决你自身的重要问题并提供定制化的产品，做到与众不同。但是仅有精彩的演示是不够的，你必须对软件的计算能力充满信心，并关注于详细的演算过程。不幸的是，那些分析功能最强大的程序操作起来往往较麻烦，而那些可以生成美观的计划的程序又没有那么可靠的分析功能和灵活性。

我们考察了许多理财策划软件，发现最容易出问题的是退休计划模块。着重考察一下输入过程中的细节。资产需求的分析计算应当有足够的灵活性，能通过改变输入信息而得到不同的预期资产收益。只能输入一种信息，得到一种结果的软件毫无使用价值。另外，你也需要为不同时间段设置不同的费用水平，还要能去掉在到期日前清偿了的按揭贷款等项目，因此软件也需要拥有这些功能。你可能还希望略去自动计算的结果，如预计的社会保障收入，考虑兼职工作、遗产继承或者非经常性的资金流入，以便让收入也随时间变化。

优秀的理财顾问一般不愿意使用全面的系统。他们会不时地修改自己设计的系统，并综合使用文字处理、PowerPoint 等程序以及 Excel 和 Lotus 等电子表格程序。许多人承认会使用 Leonard 或 ExecPlan 这样的策划软件，但只有少数人会经常使用。一位顾问说："我就是觉得打包的软件用起来不舒服，所以我自己写程序。我知道计算过程是怎样的，我的策划也因此变得与众不同。"

我们也不再使用全面的理财策划软件了。我们更喜欢自己设计软件，再加入一些模块程序，使软件包完全合乎我们的要求。不管怎样，在选择软件之前有必要先考虑一下这些问题：

- 你是在做全面的理财策划吗？如果你不需要为客户提供净值、现金流和预算分析，你可以考虑一下单独的资产需求分析软件。
- 你希望得到什么样的结果？你是想要提供包括所有图表的计划书，还是喜欢只给出概要并提供支持文件的计划书呢？有些软件能绘制出很棒的图表，但你或许不想让其他人看到你的分析表格。
- 这个软件会有多少人使用呢？这个软件需要联网使用吗？你需要购买多用户使用许可吗？
- 公司里谁负责准备计划书？有些软件又大又庞杂，操作也不方便，但好的分析软件大抵如此。如果你把一些输入工作交给助手，他们或许没有达到正确使用软件的专业水平。
- 这个软件的灵活性如何？你能根据自身需求和境况编制订制化的报告吗？
- 这个软件能让你根据不同客户的情况修改信息吗？
- 基本费用中包括升级的费用吗？这个软件通常多久升级一次？
- 它和别的软件程序兼容吗？

投资组合管理软件

如果你需要制作自己的定期报告书，你可能希望选用一套可靠的软件，能严密计算出以时间和价值为权重的回报率，产生定制化的报告，并至少能在 Windows 平台上运行。大多数理财顾问都认为每种投资组合管理软件各有千秋。软件一旦投入使用就不容易更换，所以在选择之前一定要向多个同行咨询。或许你可以从一个软件系统转换到另一个系统，但历史数据（像课税基础）却很难有效转换。

进度表、联系软件和关系管理软件

你的核心业务需要良好的技术能力和分析技能支持。你的专长能帮助你吸引到好的客户和资产。一致的优质建议和服务可以帮助你留住这些客户。优质服务的核心是了解你的客户并管理他们的预期。为了做到最好，你需要有优秀的信息管理者。

1998 年的夏天，比尔·盖茨在微软峰会上发表了一个关于技术和商业的演讲。他说："客户是你事业的核心。这是相当基本的道理，但是又有几家公司真正觉得自己可以很好地浏览和提取客户信息呢？不光是支付账款的信息，还包括客户公司中谁是决策者，他们怎样使用你们的产品。你们过去和他们相处的经验如何？贵公司是否能将所有信息都放在同一处，以便和客户接触的不同部门可以相互协作，清楚地知道其他协作方都有谁，而且总是能够保证他们对客户进展的了解是同步的呢？我认为只有极少的公司达到了最基本的信息可获得性水平。"

自互联网诞生以来，许多人变成了信息狂。那些最成功的人士也认识到信息就是力量。难处在于，如何把信息组织起来并根据你的需要有效地储存和提取它们。这也说明了好的数据库是成功的关键。

在数据库方面你有三种选择。你可以购买关系管理软件，也可以购买专为理财顾问开发的数据库，还可以利用数据库程序如 Microsoft Access 等搭建你自己的数据库。

预装软件

预装软件主要有两种，即联系管理软件和个人信息管理软件。使用预装软件的一个好处是它们可以持续地升级，同时因为开发成本由大量用户共同分担，它们也相当省钱。不好的地方是这些软件是通用型的，使用时会受到你的自有系统的限制。比方说，如果每个地址仅分配了 4 行空间而你又需要第 5 行，这时你就无能为力了。

专业的专用软件

第二个选择是购买专门为理财策划业开发的软件。不幸的是，这样的软件并不多。

新罕布什尔的一位理财顾问沃伦·麦肯森写了 ProTracker 程序，这是一个相当全面的关系管理软件。我提到它是因为它比其他软件提供了更多的信息跟踪功能。比如说，你可以跟踪受益人、健康护理权、遗嘱和托管资金超过 70.5% 的分配方案。沃伦花了不少时间改进这个程序。他还根据用户的建议频繁地进行更新和升级。

自主开发的数据库

最常见的（也是问题最多的）解决方案是自己设计。美国一家著名理财机构的负责人在谈到自行设计数据库时有很多感慨。

"我们的第一代客户数据库是 Day-Timer。当存储在 Day-Timer 里的数据多得管理不过来的时候，我们意识到自己走投无路了。正当其时，微软改进了其数据库程序 Access，使它变得方便、灵活、完全兼容，操作也更加简易。我们决定以每小时65美元的价格雇一名程序员来开发一套完善的关系管理系统。为了得到想要的系统，我们一共花了50 000美元。我们公司的每个人都参与了这个项目。我们从制作'愿望表'开始：如果有了这个完善的系统，我们想要即时获取哪些信息呢？除了关系管理软件中那些已有的信息之外，我们还需要一些关键数据，如谈话权限、客户的资产配置模型和他们的记录、委托分配方案，以及通向客户备注和客户核算电子表格的链接。我们很快发现我们要的并不是个人信息管理软件或联系软件，我们要的是关系管理软件。

"或许我同去年夏天去世的一位客户的家人和顾问打交道的经历能够充分说明关系管理软件的作用。我们在数据库中有一类名为 HOMER (Helping Ourselves Make Everything Relate) 的记录，用来记下我们是否有同客户的家人和其他专业人士交谈的权限。我们还列出了受益人及其他关于客户遗嘱、信托和账户的重要数据。在葬礼后不久，客户的律师打电话请我检查一下遗嘱中的遗产分配问题。他问我知不知道所有账户的受益人是谁。首先我找到客户在 HOMER 里的档案，以便确定我在事先没有得到客户妻子授权的条件下是否能与律师交谈。由于指定受益人和每个受益人的分配比例都已经储存在我们的数据库里了，确认了自己能够与律师共享信息后，我打印了一份副本并把它传真给了这位律师。他吃惊于我们的效率。此事之后，他给我们介绍了一些非常好的客户。"

许多理财顾问走的也是这条路，用 Microsoft Access 开发他们自己的系统。这类解决方案因理财机构而异，但是都会包括一些常用的数据。一家理财机构在数据库中加入了一个行动单元，通过终端处理器来跟踪潜在客户的来电。他们所有的信件都由数据库自动生成。系统还能直接生成给其他策划师的缔约信和推荐信。这家理财机构把客户分成理财策划客户和资产管理客户两个部分，分别收集不同的信息。比方说，对于资产管理客户，其数据包括见面频率、首次付款日和终止日期（如果有的话）。对于理财策划客户，系统则包括客户的详细信息，比如遗产计划、退休计划和业务计划等。

另一家理财机构在自主开发数据库方面的做法有所不同。每年年初，这家理财机构的负责人将与自己的员工和客户共同决定这一年的目标，可能包括制订新的遗嘱、检查保单和调查长期医疗情况等。不管计划是什么，具体的任务都由负责人通过 Access 数据库生成，并通过电子邮件发给相关的员工和客户。每个任务在完成前都会记录在备忘录中。Access 使这位负责人对理财机构的各项事务拥有完全的控制力和灵活性。

开发定制化程序的最大缺点是设计和编写数据库会造成人力的耗费、混乱的局面和庞大的开支。一位理财顾问承认说："如果我知道自己设计数据库会这么复杂、开销会这么大的话，我永远也不会去尝试的。"

需要考虑的事项

不管你是自己设计还是购买专用软件，都应该在行动之前考虑好你想要的最终结果是什么。你或许应当好好考虑一下下面这些事项：

适用性
- 数据的整合度：能一次性输入所有数据项。
- 直接连接到主要的文字处理程序、电子表格和投资组合管理软件的能力。
- 在公司之外访问数据库的能力。
- 与手提电脑保持同步的能力。
- 进行分类组合与信件合并的能力。
- 直接连接到现有邮件或独立处理邮件的能力。

客户相关事项
- 分类：潜在客户、VIP 客户、资产管理类客户、策划服务类客户。
- 账户信息：账户地址和账户号、开户日期、账户类型（信托账户、联合账户、个人退休账户等）、投资政策记录、进度回顾表、相关账户、账户所有人、托管人和受益人（及他们的利益）。
- 关系：家人、抚养人、生日、与其他客户的关系（如托管人、受益人)。

- 顾问：职业、姓名、电话、地址、信息共享许可（口头、书面报告、法律声明）。
- 遗产规划等理财策划问题：遗嘱、信托、健康护理、上一次审查的日期、推荐介绍、执行及存档计划。
- 其他：70+分配方案、赠品、客户照片。

无论你决定怎么做，拥有稳定的系统是你势在必行的选择。从对一位潜在客户进行调查到吸纳其为真正客户，是一个漫长而费力的过程。前文曾提到过一家著名理财机构的 HOMER 记录，这家理财机构将潜在客户的信息转入 HOMER 的原因之一是，通过这样的转换，他们可以向客户表明自己尚清楚记得客户在上一次电话中所分享的信息，这么做能让客户印象深刻。试想，一名潜在客户打电话说："您或许已经不记得我了，不过两年前我曾打过电话给您……"你只要移到 HOMER 界面，然后说："我当然记得您了，温先生，您的孙子安最近好吗？他应该已经快 2 岁了吧。"这会给潜在客户带来怎样的心理冲击，显然，在潜在客户的心里，你的地位远远超过其他理财机构。

有关技术的最后寄语

你所获得的技术与客户及员工一样，都是公司最重要的资产，但是你不应该把它当成业务的焦点。

- 聘用一位专业人士来帮助设计和开发技术支持系统。专业人士的工作最终会节省你的时间与金钱。
- 不要为了适应软件而牺牲你的特色。如果生成的计划书看起来与他人的并无两样的话，客户很难认同你的价值。
- 如果你是一位电脑发烧友，那么你要作出判断，你到底是一位理财策划师还是一名电脑杂耍人？将时间花在电脑上就不能将之花在客户身上。如果你无法控制对电脑的狂热，那么请更换你的职业。

- 尽可能做到定制化。
- 让员工参与到主要的技术决策中来，因为他们也将是使用者。
- 时刻保持警惕，保护并备份你的数据。

第 14 章

制度带来规范

越想将理财机构打造成出色的企业，你就越需要将其制度化。不管你是一位个体从业者，还是公司若干合伙人中的一员，良好的制度都能帮助你减少错误，提供始终如一的服务，让企业在遭遇危机事件时仍保持稳定，并在出售或转让的时候处于有利的位置。许多顾问都设计了特定的日常工作流程来保证任务的顺利完成，并与客户保持有效沟通。其中的关键问题在于，企业的制度不能因定制化的客户服务带来的深度接触而受到影响。

如果你打算在将来把企业卖掉，你必须确保建立一套有效的制度。毋庸置疑，转让性是企业价值极其重要的一个方面。那些转让性高的企业一般都是高度制度化的企业，同时又保持着适度的人性化。

本章分为两个部分，其一为公司人员制度，包括促进公司平稳运转的方法，也包括那些保持员工有效工作的方法；其二为客户制度，即与客户工作时标准化、系统化的规程。

公司制度

曾几何时，便笺纸一度被用作公司内部的备忘录。这些便笺纸的最上方写着这样的词句："请不要口头下达命令。"如今由于计算机的广泛使用，几乎所有顾问都有了一套电子邮件系统，他们通常将电子邮件系统作为自己联系或日程安排软件的一部分，而且将之视为沟通制度中必不可少的部分。

毫无疑问，电子邮件的使用极大地改善了公司的内部沟通。但是，尽管电子邮件很有价值，我们也要学会合理地利用它，绝对不能以之替代面对面的沟通。有一位理财机构负责人讲到：在使用电子邮件系统之初，他每天晚上都会留很长的指示给他的新任秘书，秘书则会在每天早上一一回复这些指示，然后他又回复秘书，秘书又回复他，直到把事情完全弄清楚。就这样你来我往地持续了三天，他开始意识到这段时间以来他一直都没有看到秘书。他走进秘书的办公室，问她为什么整整一个星期都没有到他办公室来见他。她回答道："我还以为远程沟通会让你更舒服一些，你知道，现在流行这样的管理方式。"

就连比尔·盖茨也在1998年的微软峰会上谈到了这个问题，他认为我们现在太过强调电子邮件的作用了。"有时候人们应该见见面。如果他们通过电子邮件讨论超过三四个回合还存在分歧的话，最明智的办法就是聚到一起来，面对面地讨论这个事情，因为光是以电子邮件的方式进行交流，真的很难达成共识。"

公司需要通过促进员工之间面对面的交流，实现清楚无误的沟通。我们所有的公司制度都以核对、平衡和交叉培训为基础。没有人可以单独从头到尾地完成任何一个项目。对于那些小公司来说，这点尤为重要。如果有某个人缺席的话，工作将难以完成。

遵纪守法

理财机构有必要及时了解最新法规，并按照合规要求，对报告制度作出实质性的调整，明确需要变更的项目。拥有组织完善、实时更新的信息是合规领域的关键。合规问题纷繁复杂，远不是本书可以尽述的，但有一点很重要，那就是你必须尽最大努力了解合规问题。

员工会议

美国有一家很有影响的理财机构，每周五上午公司会统一购买早餐，并召开简短的员工会议。公司经理负责组织每周一次的讨论，主要是报告客户的最新信息和项目的进展状况，还包括考核情况。除非员工有特殊的要求，公司管理层一般不会出席这个会议。员工将在一起仔细审查公司的政策、工作流程以及客户关系，并对之进行必要的纠正和改进，只有那些事关核心价值的政策或者工作上的重大调整才需要上报到公司管理层（如合伙人）。由于灵活性较高，员工会不断审查自己的工作规程，以便让项目变得更加高效、省时、省力。这项活动最重要的部分是授权给员工，让他们有权为了自己和客户的利益作出某些改进。每位员工都对工作有一套与众不同的看法，他们会讨论、协商，并最终达成共识。

不久前客户服务总监提醒我们，尽管我们与客户和潜在客户沟通得很好，但我们老是会忘记内部沟通也很重要。由于我们需要在各个项目上频繁地互相支持，所以客户服务总监设计了一份公司内部任务说明表（见灰框内容），用于粘贴在重要材料上。这份说明表包括了从邮寄说明到怎样将信息输入数据库，以及如何创建和复印文件等一系列事情。这份表格还能让我们区分轻重缓急。"非常重要"等于在说"如果我明天需要它，那我明天就一定要拿到。""越快越好"就是说"我今天可以再等等，但你最好把它列入明天的安排中去。"最后，"一般"就是有空就做，"在你没有事情的时候再做，它不是优先的。"另外，这份表格还有助于后续工作的安排，并已有对应的 Access 模板，可用电子邮件发送。这看起来是个很简单的主意，但它大大节省了时间。许多顾问利用他们自己的信息或联系管理软件，也开发出了类似的表格。

<table>
<tr><td colspan="3" align="center">任务说明表</td></tr>
<tr><td colspan="3">收件人：_____</td></tr>
<tr><td colspan="3">当天日期：　　　　回复至：</td></tr>
<tr><td colspan="3">重要性：　　　□非常重要　　　□越快越好　　　□一般</td></tr>
<tr><td colspan="3">归档：　创建：　　复印：　　发送至：　　发送自：　　其他：</td></tr>
<tr><td>□客户文件
□共同基金文件
□Morningstar
□Value Line
□嘉信报告
□证监会报告
□其他：_____</td><td>□Word 格式文件
□Excel 格式文件
□客户活页
□潜在客户活页
□城市客户活页</td><td>□复印____份
□装订
□裁剪
□抄送至：_____</td></tr>
<tr><td>□回复专用信封
□优先用快递包装纸
□调查问卷</td><td>□专人投递
□设置密码
□快递标准件
□快递包裹
□普通邮寄</td><td>□输入系统</td></tr>
<tr><td colspan="3">□联系电话：_____　　□附言：_____</td></tr>
<tr><td colspan="3">□应送达时间：_____　　□安排：_____</td></tr>
<tr><td colspan="3">□草稿：_____　　□编辑：_____</td></tr>
<tr><td colspan="3">其他说明事项：_____
起始时间：_____　　完成时间：_____</td></tr>
</table>

关键词

随着顾问每月经手的材料逐渐增多，关键词系统就变得至关重要。系统应具备强大的逻辑查找能力，从中应能找到任何所需的词语逻辑组合。无论在什么时候，我们都可以为以后可能会用到的信息设定一些关键词，并将文档名称及其关键词一起编入系统中。比如，如果有人问我们有关变动年金费用的事宜，我们就打开程序，输入"变动与年金与费用"进行查找，程序就会罗列出所有包含这些关键词的文档。

后台业务

成功的理财机构会不断克服困难将工作流程制度化，以便节省时间、提高效率，并确保后台业务不会出现错误。他们让许多顾问接受交叉培训，以迎接这些挑战。最终，业务团队包括所有顾问，都能自己开设账户。一家理财机构选择嘉信理财作为他们的托管伙伴，嘉信理财会提供其专有的软件 SchwabLink 来支持顾问的工作。通过这套程序，这家理财机构可以开设账户、进行电子交易并跟踪客户账户。其他一些理财机构也为他们的独立顾问设计了类似的程序。本书第 11 章 "企业转变"中列出了一份应向托管商提出的问题清单。

除了交叉培训外，这家理财机构的业务总监还开发了参考手册，上面罗列出了开设各类账户所需的全部文件。这样，即使他本人不在，其他人也能查找出需要哪些表格，以及应该怎样填写它们。业务部门的其他职责还包括跟踪转账。托管商会生成一份状态文件，理财机构随时都可以获取这方面的信息。这份状态报告中还包括了预期到账日期，这样理财机构也能让客户随时了解业务的进程。

后台业务的重要系统之一是电子交易设备。由于这家理财机构已在交易中使用了自己的 Excel 电子表格，因此业务总监只需将 Excel 中的信息转移至嘉信理财的表格并上传到服务器即可。电子交易的出现使该理财机构和嘉信理财公司能更方便地检查出交易中的错误。

嘉信理财允许合作的理财机构通过电子方式发送账单请求，这大大节省了时间。理财机构的账单能够通过自己的投资组合管理软件自动生成。抽样检查后，理财机构的经理会将账单上传到嘉信的系统，理财机构在 24 小时内还可以再检查一次。理财机构提前一周将发票寄给客户，这样做仅仅是出于通知的目的。这种直接从客户的账户收费的做法使得理财机构能向客户报告扣除收费后的净业绩。

在检查或者设计你的后台系统时，你应该尽可能地将一切日常活动计算机化。如果你现在还没有使用在线交易，建议你花些时间好好研究一下。

代理权

你或许已经知道，一旦客户赋予你投票代理权，你就有了代他们行使投票权的受托责任。另外，如果你是一位注册投资顾问，你还应该事先准备一套代理政策，说明由谁做出决策，执行方式如何。托管商会为你的客户提供相关表格，并允许你将手上的代理投票权集中起来。现在就好好地利用这些代理投票权吧。

这些年来我们发现，客户对应该如何行使投票权根本就毫无头绪，他们更愿意把这项风险交给你去承担。所以最好在一开始就把这方面的文件准备好。以下是这样做的三个潜在优点：

1. 你可以用持有的全部代理投票权进行集团投票。
2. 你可以依靠自己的权威和知识去投票，基金公司也深知这一点。
3. 你能和其他顾问携手合作，影响共同基金公司的提案。

保护：法津与高科技

毫不夸张地说，优秀的黑客可以随心所欲地侵入世界上任何一台计算机（他们可能已经这样做了）。竭尽全力避免客户隐私变成公共信息，是你对客户应当承担的义务。长久以来我们都忽略了这件事，毕竟我们信任那些为我们工作的人。但这样做是会出问题的。假如你从外面请来了保洁人员、拥有众多的来访者或者是连接了互联网，那么你尤其应重视保护客户的文件、数据和程序。

注意发送方式

几年以前,一位客户让我们发送一份头寸报告到他的办公室。一个热心的助理决定把它传真过去,却忘记了在发送传真前通知客户。两个小时以后,愤怒的客户打电话过来大声咆哮,说他的资产状况现在成了他们公司众所周知的事情,就因为那份头寸报告的传真被秘书取走了。保密封条很少能真的"封住"客户的秘密,你应该尽力建立起一套严密的安全规程。如果必须发送一封机密的传真,你应事先给接收者打电话,让他亲自去取传真,或者让他告诉你一个安全的传真号码。

使用碎纸机

如果在一个有风的日子里,你在公司所在的写字楼外散步,忽然发现脚边旋转的纸张中有一页是你客户的头寸报告,上面还清楚地写着客户的名字和地址,这时你就会意识到保护客户档案的重要性了。你可能会冷静地四下寻找这张纸是从哪个垃圾袋里飞出来的,然后钻进写字楼后面齐腰的大垃圾桶里,将里面的袋子用牙齿撕开一一查找。这是一件真实发生过的事情。我不会告诉你这个人是谁,但我告诉你,我们在第二天买来了一台大容量的碎纸机。

保密协议

我们这一行必须了解大量客户信息,但公司的每个员工仍有必要签署一份保密协议。后文给出了一份保密协议样本。

每年我们都会根据监管要求,向我们的客户提供必要的信息和报告。我们将提醒客户,我们的专业人员会完全遵守注册理财策划师的职业道德。我们还会说明,公司里的每一个人都已经签署了保密协议。

> **保密协议样本**
>
> 　　为客户保密在理财业中具有至高无上的重要性。根据注册理财策划师执照中"职业道德和职责准则"的要求，所有的客户信息都应视为机密。
>
> 　　一切有关本公司及其客户的信息都是机密。员工不得在其任职期间及离职后公开该公司的任何机密信息。
>
> 　　员工只有在工作中必须知情的情况下才能查看公司档案。员工不得允许任何人以任何理由查看或者复制本公司为客户准备的报告及任何其他文件，或者因为与公司的雇佣关系而持有的资料。若发生任何与信息使用相关的混淆，任何与本公司有关的人员需要将客户信息用于与客户利益无关的目的时，需要请本公司的合规主管对使用的正当性进行确认。
>
> 　　根据相关法律，本公司员工无论是在任职期间还是离职后，未经授权而使用客户名单或客户姓名、地址及电话号码的行为，都有可能是违法行为。
>
> 　　一旦雇佣关系结束，员工应向合规主管归还所有资料、文件、备忘录、电子文档及其持有或控制的其他材料，只要这些材料有可能与上述机密信息有关。
>
> 　　我在下面签名，说明我已经阅读了这项政策并且同意遵守它。
>
> 　　员工签名_____　　　　日期_____

数据保护

　　除了要悉心照顾好客户，保护好他们的数据也极其重要。下面列出的一些小诀窍将会让你的工作更加省心：

- 在操作系统中安装密码保护程序，对数据处理系统的登录进行保护。
- 经常更改密码，不要使用明显的名字或数字作为密码。
- 为系统安装需要密码才能解除的屏幕保护程序，当你不在座位上的时候，它将防止别人把数据复制到磁盘。
- 可以考虑使用专业公司的文件夹加密软件来保护个人的文件夹或程序。
- 在你离开座位或者是有不相干的客人或员工来访时，请不要将机密数据留在显示屏上。
- 为备份文件设置密码，这样即使有人拿走了你的磁盘，他也无法将信息复制到别的磁盘上。
- 取消那些不需要密码的访客账户。
- 使用防火墙或其他密码保护措施限制外来入侵。

客户制度

所有顾问都有必要探索怎样才能更快、更有效率地完成任务。下文将要谈到的很多制度都是出于节省时间的目的而设计的。

我们设计客户制度的主要目的是保证能为每位客户提供始终如一的高质量服务。我们十分欣慰于每个打电话或者登门拜访的客户都能有同样的体验。下面将以一家在客户制度建设方面经过多年努力，终于取得重大突破的理财机构为例，讲解客户制度设计环节的诸多诀窍。

由于这家理财机构在媒体上的良好形象，许多目标市场之外的人士也会向他们打听问讯。他们的客户资格表采用了 Access 格式的模板，这样就可以很方便地对收集到的信息进行加工整理。通常来说，客户资格审查由合伙人或顾问来完成。即便如此，该理财机构的每个员工都受过专门的培训，知道怎么处理那些初次打来的问讯电话。

该理财机构的所有 Access 表格都是用 Outlook 进行处理的，所以很容易核对那些需要发送的材料，记录是否有待定的约见，并标注出其他可能采取的行动。这份表格会通过电子邮件发给那些可能会因该潜在客户的电话而需要承担职责的合伙人、顾问和助理。

客户资格表的背面会询问一些常规问题：客户为什么要打电话过来？客户认为我们能为他们做些什么？理财机构还会询问客户是如何知道本公司的，是否曾经访问过其他顾问。显然，理财机构有必要知道客户是否曾经访问过其他顾问，有过什么样的经历。如果潜在客户告诉你，他正在起诉他以前的顾问，那么你一定会希望避开这个人。

该理财机构把自己的信息小册子称为"宣传包",他们放弃了那些俗气老套的手册样式,转而采用彩色打印机打印自己想要的材料。这样就可以为那些打来电话的人提供个性化的宣传包。一些理财机构会寄送许多报纸上的文章外加一封冗长的公函,说明自己在为谁工作,都在做些什么,为什么要做这些事,以及以什么方式来做事。但事实是,大部分人并不会真的读这些材料。在这方面,理财机构的网站可以发挥很大的作用。不少理财顾问认为网站是更加精致的宣传册。

与大多数理财机构不同的是,这家机构有两套"宣传包"。一套是所谓的"疲劳应付包"。它的大小和信封一样,包含了一些尽可能简短的说明,旨在讲清楚理财机构在做什么,客户需要花多少钱。在以为打电话的人不适合成为本机构的客户或者他们不愿意在电话上分享更多信息时,该理财机构就会用这套宣传包。

另一套宣传包则更加详细,介绍了理财机构,以及理财机构将如何开展与客户之间的会谈。目的是让客户事先熟悉他们将见到的人以及理财机构将讨论的各种事项,这样能使他们感觉轻松一些,不会因第一次见合伙人而惶恐不安。无论如何,最好还是通过面谈来了解客户的一切,包括他们在过去20年中的每一笔投资。第一次见面安排得越轻松,效果往往就越好。

在准备此书的过程中,我们观察过数十份世上最成功的顾问的宣传包。其中有的比较正式,有的则不那么正式,有的比较华丽,有的则仅包含了媒体对这位顾问的评论。通过观察,我们发现了一个很重要的事实:其实你寄送的东西有多长根本就无关紧要,只要它能恰如其分地反映出你能为客户提供什么就可以了。

第 14 章　制度带来规范

客户资格表

接听人：　　　　　　　日期：

指定合伙人：　　　　　指定顾问：

致电人：

地址：　　　　　　　　家庭电话：

　　　　　　　　　　　公司电话：

　　　　　　　　　　　传真：

　　　　　　　　　　　电子邮箱：

喜欢的联系方式

　　＿＿＿传统邮件　　＿＿＿电话　　＿＿＿电子邮件　　＿＿＿传真

第一次交流结果

a. 发送宣传包及数据采集调查问卷。

b. 谁负责这个潜在顾客？＿＿＿＿

c. 后续电话。　　时间：＿＿＿＿　　负责人：＿＿＿＿

d. 非目标客户/不需要再发送信息。

收回数据采集调查问卷

收回问卷时间：＿＿＿＿

该潜在客户符合我们对客户资格的要求吗？是＿＿　否＿＿

潜在客户致电时间：＿＿＿＿　　接待人：＿＿＿＿

a. 安排约见。接待员：＿＿＿＿　时间：＿＿＿＿　日期：＿＿＿＿

b. 其他事项＿＿＿＿＿＿＿＿＿＿

采取的行动

a. 发送宣传包（包括数据采集调查问卷和回寄信封）　　　　＿＿＿＿

b. 输入至系统（包括将数据采集调查问卷的结果输入备注栏）　＿＿＿＿

c. 标注为潜在客户/业务通讯　　　　　　　　　　　　　　＿＿＿＿

d. 向客户推荐人发送感谢卡片　　　　　　　　　　　　　＿＿＿＿

e. 向外部推荐人表示被推荐者不合适　　　　　　　　　　＿＿＿＿

f. 从潜在客户/业务通讯上除名　　　　　　　　　　　　＿＿＿＿

g. 备注栏中是否还有该潜在客户的相关信息　　　　　　　＿＿＿＿

还有遗漏的基本事项吗？

第一次约见

回忆起过去曾经走过的弯路，这家理财机构的负责人面色略显凝重。"我们在经营之初犯的比较重大的错误，恐怕就是为我们的合伙人笼罩了一层神秘的面纱。如果潜在客户前来约见，他只能见到我们三个中的某一位。当时的会谈就好像秘密协商，我们都非常注意保持会谈内容的机密性，员工都无法参与。后来我们终于意识到，要想继续成长，我们需要驱散神秘色彩并强调团队合作的观念。如今我们公司的每个人都承担着客户生活的某个方面，客户也很高兴看到有更多人为他们的难题思考对策。"

"我们的客户服务人员通常会很正式地接待来宾。她将客户安排入座，送上茶点，并通报合伙人和顾问。我们会在某位合伙人的办公室见面，和在正式的会议室面谈相比，这样会更加随意和舒适。我以老想拆除会议室而著称，事实上我们现在发展得太快以致空间略显拥挤，确实需要将会议室改建成办公室。不过，在我们和客户之间摆放办公桌真的是一件很没道理的事情。"

策划表

该理财机构会为每位新客户准备投资政策，政策文档包括客户的目标、理财机构对回报率的预期、目标回报率、资产配置方案、理财策划意见等。因为还没有找到中意的理财策划软件，他们用 Word 文档、Excel 数据表和 PowerPoint 幻灯片设计自己的模板。

政策文档的核心是 Excel 数据表，即所谓的"投资战略表"。该表会按资产类别、资产所有权和资产现值列出所有客户的资产清单。如果有必要的话，他们还会制作两张表，一张列出客户的所有资产，另一张只列出客户希望由理财机构管理的那部分资产。这张 Excel 数据表将被保存在客户数据档案中。该表格（如下页所示）同时列出了让客户达到其目标的最优投资政策（用"推荐政策"标注）。表格中还专门加入了"建议政策"

第14章 制度带来规范

列，将客户现有投资组合的约束也考虑在内。隐藏的各列主要是理财机构希望推荐的新资产名称及其投资回报率指标。他们会在介绍行动计划时将隐藏列一一展开。若客户接受该方案，这张表将成为理财机构的交易指导。"资产所有权"列控制着隐藏列，这样可以很方便地计算出每个客户的价值。该机构还编写了一个宏命令，专门用于将数据从投资组合管理软件转到 Excel 中，这样就可以很方便地将当前价格下载下来。

投资战略表

储备	所有者	类型	现行政策		推荐政策		建议政策	
			战略分析					
货币市场基金	自有		1 000 000	100%	20 000	2%	20 000	2%
债券	自有	政府公司			70 000	7%	70 000	7%
	自有				40 000	4%	40 000	4%
		科技公司				0%		
		市政				0%		
	自有	普通/市政			80 000	8%	80 000	8%
	自有	科技/市政			180 000	18%	180 000	18%
大盘股	自有	核心			60 000	6%	60 000	6%
	自有	价值			100 000	10%	100 000	10%
	自有	成长			50 000	5%	50 000	5%
小盘股	自有	小盘价值			60 000	6%	60 000	6%
	自有	小盘成长			40 000	4%	40 000	4%
科技股	自有	发达国家			140 000	14%	140 000	14%
	自有	新兴市场			50 000	5%	50 000	5%
房地产	自有	房地产信托投资			30 000	3%	30 000	3%
结构化产品	自有	公司指数			30 000	3%	30 000	3%
	自有	市场中性			50 000	5%	50 000	5%

客户档案与目录

该理财机构用大号笔记簿保存客户档案，并用隔页将不同的策划内容分隔开来，如理财策划、遗产策划和投资建议等。每位顾问负责管理一定数量的客户关系，客户档案则集中保存在文件区。

宏命令

一位理财顾问说："我们希望自己的报告看起来能与众不同。令人遗憾的是，大多数投资组合管理软件都不够完善。大概几年前，你甚至不能将业绩数据转化成 Excel 文件。我们要先把数据打印出来，然后再手工敲入 Excel 表格中，这样我们才能加入图表，让报告更加美观。这给我们准备报告的过程带来了很大的不便。后来，我们发现可以用宏命令将数据导入模板。这个宏命令能将数据输入 Excel 表格，再将数字导入我们事先设计好的模板上，无需手工输入。这样，我们每个月节省了数天的报告准备时间。"

很多时候，一些最简单、最明显的事情反而会被忽视。在这家理财机构的成长历程中也发生过一些很有趣的事情，有些甚至让人捧腹。比如，该公司的合伙人给我讲过这么一则小故事："有一年，我们公司接待了一位大学实习生。这位实习生和我们一起度过了那个暑假，他主要负责特殊项目，并协助我们准备一些策划书。那个时候，我们的复印机安放在狭窄的走廊上，那里同时也是我们的档案存放区，两头各有一扇门。要想从复印机上拿到材料，你必须先关上其中一扇门，或者侧着身子绕过去，才能够得着复印机。这可真是个麻烦事，但我们又没有别的地方可以摆放这台复印机。在实习结束前，我问这位实习生对我们公司有什么意见或建议。他说：'你们为什么不把那道门卸掉，这样不就可以毫不费力地走到复印机前了？'我大笑过后，立刻打电话给工人，让他马上过来把那道门卸下。"

审查时间的安排

如今人们不必再严格按日历安排自己的生活，因此理财机构也没有必要非得将审查投资组合的时间安排在每季度末。可以根据客户成为客户的月份时间，为每个人安排单独的审查时间表。这样一来，每个月只需审查客户群中 1/4 的客户。

将客户的时间表错开还有其他好处。大部分指数都是按照日历年进行公布的，时间表错开后，客户的审查季度就与日历季度不一致，客户也就很难跟踪自己的短期回报率。这简直太棒了，我们就是不想让他们老惦记着短期的事情。客户不一定喜欢每季度一次的审查约见，因此可以每个月初给他们打电话，提供可选择的方式，比如说用电话审查代替办公室里的约见。

理财机构应努力淡化短期的投资业绩，强调持续理财策划的重要性，比如可以围绕下面四个理财策划主题中的一个来安排审查会议：不动产策划、所得税、财产与意外险和退休计划。审查主题每 4 个月更换一次。因为每个主题持续两个季度，所以每两年就能把所有的主题都过一遍。

举例来说，在季度不动产策划会议前，理财机构会先获得最新的客户不动产文件的复印件，交给有资格的不动产律师审查，然后才会与客户面谈相关事宜。接下来的季度审查主要是后续的不动产策划讨论，以确保所有要求被采取的行动都已付诸实施。再往后的季度审查可能就会把重点放在财产与意外险的有关事项上了。理财机构会在面谈前获取更新后的所有保险政策，并将它们交给财产与意外险方面的专家审查。理财机构还会讨论一些建议，并采取后续的行动，为下一次的季度审查作好准备。

当然，每次面谈都会讨论投资组合的问题。理财机构有必要努力淡化业绩的重要性。投资审查的目的就是管理客户的预期。理财机构应有目的地将与业绩相关的页面放在最后，本书第 8 章已从管理客户预期的角度更加详细地探讨了这个问题。

公司里的许多人都会参与这项审查，首先就是负责打印头寸与业绩报告的业务助理。审查报告因客户而异，同时还会穿插一些 PowerPoint 和 Excel 图表。这些报告经过整理以后，还要交由顾问核实并调整，最后报告才提交给合伙人。每套审查材料后都附有质量控制表，在审查报告最终呈递给客户前，业务助理、顾问和合伙人都必须在质量控制表上签名。

事实上，大多数顾问都是由于惯例才按照日历季度准备审查报告。很多理财顾问说，他们喜欢在审查月度结束后的 2～3 周之内将审查报告交到客户的手中。习惯的力量是惊人的，但我们有必要意识到制作报告并不是我们工作的重点，正如一位理财顾问所说的："我们又不是在经营出版业。"我们应该花足够的时间去审查票据、客户目标、资产配置和准备金账户。客户要的是准确率而不是速度，特别是在我们的预期管理起作用后。

不需管理的账户

由于独特的投资组合设计方式，我们必须将我们的账户分成多个主账户。如果大部分客户都即将退休或者已经退休，他们可能需要从投资组合中获得现金流。尽管如此，我们不能设计传统的收入型投资组合，也就是以股票、股息和债券利息为基础的投资组合。如果那样做，我们就必须选择能产生更高收入的股票如公共事业股票，并更多地将资产分配到债券上。但是，如果要实现客户的目标，我们必须选择成长导向更强的投资工具。

客户希望从投资组合中得到的不是股息和收益，而是现金流。我们的投资组合针对总体收益而设计，因此可以将足以维持 18～24 个月开销的现金等价物单独留出来，放在一个流动性储备账户中，再将股息、利息和资本利得重新投入到投资账户中。在重新结算的时候，应检查流动性资金账户的情况，如果有必要的话，可以继续往里面注入资金。这样就不必在客户急需用钱的时候抛售股票，避免不必要的损失。

客户从流动性账户中提取所需的现金流。我们相信，大部分人都是靠这样或那样的定期支付来维持成年阶段的生活。总的来说，定期支付就好比是一份工资。退休以后，所有人都会本能地希望下个月的生活费能有保障，这也是为什么人们会喜欢市政债券的原因所在。我们将这种情况称为"工资综合症"。一旦有多达两年的必要开销被存放在储备账户里，客户就不会因为短期的波动而丧失理智，因为他们知道未来两年所需的现金流已准备就绪。我们将这类账户称为"不需管理但要审慎判断"的账户，因为我们并不对这些账户中的余额收费。让我再说一遍，我们不对这些储备账户收取任何收费。但是，出于平衡投资账户与储备账户的目的，我们必须对储备账户保持一定的审慎判断。尽管如此，我们并不会将客户经纪账户的信息下载到我们的投资组合管理软件中，也不会对之进行报告。当然，我知道这样做就等于放弃了部分收益流，但我认为这正是我们与证券经理的不同之处。对我们而言，流动性账户是我们服务的一部分。

那些"需管理账户"是我们可以任意处置的账户。理财机构可以从托管人的系统下载数据到自己的投资组合管理软件中，对这些账户出具账单并生成业绩报告。这些信息都会保存在投资管理账户中。

根据监管要求，必须将与员工家属相关的账户独立出来，所以理财机构还需开设另一个单独的主账户。这样，只需调出相关的电子档案，就能方便地跟踪被审查的事项。

我们同样还为少数无需管理也无需审慎判断的应跟踪账户开设了主账户。这是我们专门为那些想要自己拿主意的客户准备的。我们很乐意保留这类投资的数据，我们甚至还为他们提供业绩报告。我们称这些投资为"拉斯维加斯投资组合"，以说明客户这样做需要冒很大风险。我们会让这类客户签署一项声明，承认我们将不对这些投资承担任何责任。

客户联系表

客户联系表（任务管理表）使用 Access 模板，能以电子邮件的形式通过个人信息管理软件 Outlook 发送出去。每个月客户服务人员都会出具一份清单，上面列出了都有哪些客户需要致电、会见、信件或是其他关注。后文给出了一份任务管理表样本。

任务管理表样本

客户姓名：			级别				
个人兴趣/打电话的可能原因：							
客户联系	1月	2月	3月	4月	5月	6月	7月
合伙人致电							
顾问致电							
简要报告							
趣味文章							
审查循环（合伙人/顾问）							
不动产策划审查							
特殊事件							
生日							
客户联系	8月	9月	10月	11月	12月	次年1月	次年2月
合伙人致电							
顾问致电							
简要报告							
趣味文章							
审查循环（合伙人/顾问）							
不动产策划审查							
特殊事件							
生日							
目标：1. _____							
2. _____							
3. _____							

补充说明

制度化能帮助理财机构提高客户保留率、节省时间、提高效率、保持一致,也有助于转账和销售。前文已就理财机构的制度化提供了一些建议。在你审视当前的进展时,请将下面几点牢记于心:

- 任何包含多个步骤的活动都应该有一份清单,确保没有任何步骤被遗漏。
- 在条件允许的情况下,为所有重要任务建立核对制度,不能仅依靠个人的力量去审查。
- 对于那些紧要的任务,要指定一名后备人员并准备完整的文件档案。
- 可以考虑将一些费时又无太大价值的活动外包出去。从长期来看,购买外包服务能让你省下一大笔钱。